Boris Nefedow

Die soziale Mächtigkeit als Voraussetzung für den Koalitionsbegriff einer Gewerkschaft

Eine kritische Stellungnahme zur einschlägigen Rechtsprechung und Literatur

Bachelor + Master
Publishing

Nefedow, Boris: Die soziale Mächtigkeit als Voraussetzung für den Koalitionsbegriff einer Gewerkschaft: Eine kritische Stellungnahme zur einschlägigen Rechtsprechung und Literatur, Hamburg, Bachelor + Master Publishing 2013
Originaltitel der Abschlussarbeit: Die soziale Mächtigkeit als Voraussetzung für den Koalitionsbegriff einer Gewerkschaft: Eine kritische Stellungnahme zur einschlägigen Rechtsprechung und Literatur

Buch-ISBN: 978-3-95549-262-5
PDF-eBook-ISBN: 978-3-95549-762-0
Druck/Herstellung: Bachelor + Master Publishing, Hamburg, 2013
Zugl. Universität Bayreuth, Bayreuth, Deutschland, Staatsexamensarbeit, Oktober 2012

Bibliografische Information der Deutschen Nationalbibliothek:
Die Deutsche Nationalbibliothek verzeichnet diese Publikation in der Deutschen Nationalbibliografie; detaillierte bibliografische Daten sind im Internet über http://dnb.d-nb.de abrufbar.

© Bachelor + Master Publishing, Imprint der Diplomica Verlag GmbH
Hermannstal 119k, 22119 Hamburg
http://www.diplomica-verlag.de, Hamburg 2013
Printed in Germany

INHALTSVERZEICHNIS

LITERATURVERZEICHNIS

Bayreuther, Frank

Gewerkschaftspluralismus im Spiegel der aktuellen
Rechtsprechung – Abschied vom
„Einheitstarifvertrag"?, in:
BB 2005, 2633-2641.

Benecke, Martina

Anmerkung zu BAG vom 25.9.1996 –
ABR 25/96, in:
SAE 1998, 60-66.

Bieback, Karl-Jürgen

Die Gewerkschaften in der gesetzlichen
Mitbestimmung des öffentlichen Dienstes, in:
AuR 1988, 161-171.

Brox, Hans

Anmerkung zu BAG vom 10.9.1985 –
1 ABR 32/83, in:
SAE 1986, 232-233.

Bruhn, Claus-Jürgen

Tariffähigkeit von Gewerkschaften und Autonomie,
Eine Kritik der Mächtigkeitslehre des Bundes-
arbeitsgerichtes,
Dissertation, Berlin 1992.

Brummer, Paul
Butz, Benjamin

Große Hürden für junge Gewerkschaften, in:
ArbRAktuell 2012, 271.

Buchner, Herbert

Die Rechtsprechung des Bundesarbeitsgerichts zum
Gewerkschaftsbegriff, in:
Festschrift 25 Jahre Bundesarbeitsgericht, 55-70,
München 1979

Däubler, Wolfgang	Anmerkung zu BAG vom 15.03.1977 – 1 ABR 16/75, in: AuR 1977, 286-288.
Doerlich, Kristin	Die Tariffähigkeit der Gewerkschaft, Eine Analyse der Mächtigkeitsrechtsprechung des Bundesarbeitsgerichts im Lichte neuerer Erfahrungen, Dissertation, Frankfurt am Main 2002.
Dreier, Horst (Hrsg.)	Kommentar zum Grundgesetz, Band I, Präambel, Art. 1-19, 2. Auflage, Tübingen 2004.
Dütz, Wilhelm	Soziale Mächtigkeit als Voraussetzung eines einheitlichen Koalitionsbegriffes?, in: RdA 1976, 65-82.
Dütz, Wilhelm	Zur Entwicklung des Gewerkschaftsbegriffes, in: DB 1996, 2385-2390.
Eitel, Martin	Die Ungleichbehandlung der repräsentativen und nicht repräsentativen Gewerkschaften durch den Staat, Dissertation, Berlin 1991.
Fitting, Karl (Begründer)	Kommentar zum Betriebsverfassungsgesetz, 26. Auflage, München 2012.
Franzen, Martin	Tarifrechtssystem und Gewerkschaftswettbewerb – Überlegungen zur Flexibilisierung des Flächentarifvertrages, in: RdA 2001, 1-10.

Franzen, Martin	Tarifzuständigkeit und Tariffähigkeit im Bereich der Arbeitnehmerüberlassung, in: BB 2009, 1472-1476.
Friese, Birgit	Kollektive Koalitionsfreiheit und Betriebsverfassung, Dissertation, Berlin 2000.
Gamillscheg, Franz	Kollektives Arbeitsrecht, Ein Lehrbuch, Band I, Grundlagen/Koalitionsfreiheit/Tarifvertrag/Arbeitskampf und Schlichtung, München 1997.
Geerds, Olaf	Vom einheitlichen zum differenzierten Gewerkschaftsbegriff, Versuch einer Neubewertung unter besonderer Berücksichtigung der sozialen Mächtigkeit, Dissertation, Hamburg 2009.
Giere, Kathrin	Soziale Mächtigkeit als Voraussetzung für die Tariffähigkeit, Dissertation, Baden Baden 2006.
Gitter, Wolfgang	Durchsetzungsfähigkeit als Kriterium der Tariffähigkeit für einzelne Arbeitgeber und Arbeitgeberverbände, in: Festschrift für Otto Rudolf Kissel zum 65. Geburtstag, 265-279.
Greiner, Stefan	Rechtsfragen der Koalitions-, Tarif- und Arbeitskampfpluralität, Habilitationsschrift, München 2010.

Greiner, Stefan	Gemeinsame Anmerkung zu BAG vom 05.10.2010 und 14.12.2010 – 1 ABR 88/09 und 1 ABR 19/10, in: EZA Nr. 30,31 zu § 2 TVG, 35-72.
Greiner, Stefan	Der GKH-Beschluss - Evolution oder (erneute) Revolution der Rechtsprechung zur Tariffähigkeit?, in: NZA 2011, 825-830.
Grunsky, Wolfgang	Anmerkung zu BAG vom 15.03.1977 – 1 ABR 16/75, in: JZ 1977, 473-474.
Hemmen, Wolfgang	Durchsetzungsfähigkeit als Kriterium für den Gewerkschaftsbegriff im Tarifvertragsrecht, Dissertation, Münster 1998.
Henssler, Martin	Soziale Mächtigkeit und organisatorische Leistungsfähigkeit als Voraussetzungen der Tariffähigkeit von Gewerkschaften, Das Beispiel der Christlichen Gewerkschaft Metall, Baden Baden 2006.
Herschel, Wilhlem	Der Typus der arbeitsrechtlichen Koalition, in: JuS 1978, 524-527.
Hümmerich, Klaus / Holthausen, Joachim	Soziale Mächtigkeit durch aktive Teilnahme am Tarifgeschehen, Der CGM-Beschluss des 1. Senats, in: NZA 2006, 1070-1078.
Hofmann, Hans / Hopfauf, Axel (Hrsg.)	Kommentar zum Grundgesetz, 12. Auflage, Köln 2011.

Höfling, Wolfram   Der verfassungsrechtliche Koalitionsbegriff, in:
                          RdA 1999, 182-185.

Hueck, Alfred   Lehrbuch der Arbeitsrechts, Zweiter Band, Zweiter
Nipperdey, Hans Carl   Halbband, Kollektives Arbeitsrecht,
                          7. Auflage, Berlin 1970.

Isenhardt, Tilmann   Relative Tariffähigkeit,
                          Dissertation, Frankfurt am Main, 2008.

Jarass, Hans D. /   Kommentar zum Grundgesetz,
Pieroth, Bodo   11. Auflage, München 2011.

Jülicher, Friedrich   Die Rechtsprechung des Bundesarbeitsgerichts im
                          Jahre 1978, in:
                          ZFA 1980, 121-292.

Junker, Abbo   Grundkurs Arbeitsrecht,
                          10. Auflage, München 2011.

Kissel, Otto Rudolf   Arbeitskampfrecht, Ein Leitfaden,
                          München 2002.

Kissel, Otto Rudolf   Arbeitsrecht und Staatsvertrag, in:
                          NZA 1990, 545-551.

Kocher, Eva   Relative Durchsetzungsfähigkeit: notwendige oder
                          hinreichende Bedingung der Tariffähigkeit, in:
                          DB 2005, 2816-2822.

Konzen, Horst   Anmerkung zu BAG vom 16.11.1982 –
                          1 ABR 22/78, in:
                          SAE 1984, 136-138.

Kraft, Alfons	Anmerkung zu BAG vom 15.03.1977 – 1 ABR 16/75, in: SAE 1978, 43-45.
Kunig, Philip (Hrsg.)	Kommentar zum Grundgesetz, Band 1, 6. Auflage, München 2012.
Löwisch, Manfred	Arbeitsrecht, ein Studienbuch, 8. Auflage, Köln 2007.
Löwisch, Manfred / Rieble, Volker	Kommentar zum Tarifvertragsgesetz, 3. Auflage, München 2012.
Mayer-Maly, Theo	Druck und Recht im Arbeitsrecht, in: RdA 1979, 356-358.
Mayer-Maly, Theo	Anmerkung zu BAG vom 16.1.1990 – 1 ABR 10/89, in: SAE 1991, 100-102.
Meissinger, Hermann	Soziale Selbstverwaltung im Fachprinzip, in: AuR 1955, 1-3.
Müller, Franz	Der Gewerkschaftsbegriff im Betriebsverfassungsgesetz, Dissertation, Frankfurt am Main 1988.
Müller, Gerhard	Gedanken zum Entwurf des Mitbestimmungsgesetzes, in: DB 1975, 253-259.

Müller-Glöge, Rudi / Schmidt, Ingrid / Preis, Ulrich (Hrsg.)	Erfurter Kommentar zum Arbeitsrecht, 12. Auflage, München 2012.
Nipperdey, Hans Carl	Zur Methode der Bestimmun des Koalitionsbegriffs, Koalition und Arbeitskampf, in: RdA 1964, 361-362.
Oetker, Hartmut / Richardi, Reinhard / Wißmann, Hellmut / Wlotzke, Otfried (Hrsg.)	Münchener Handbuch zum Arbeitsrecht, Band 2, Kollektivarbeitsrecht/Sonderformen 3. Auflage, München 2009. (zit.: Bearbeiter, in: Münchener Hdb. Zum Arbeitsrecht, § Rn.)
Papier, Hans Jürgen / Möller, Johannes	Das Bestimmtheitsgebot und seine Durchsetzung, in: AöR 122 (1997), 177-211.
Pieroth, / Bodo Schlink, Bernhard	Grundrechte, Staatsrecht II, 28. Auflage, 2012.
Ramrath, Ulrich	Vertretensein einer Gewerkschaft im Betrieb nach § 17 BetrVG – Widersprüchlichkeiten im Gewerkschaftsbegriff des BAG, in SAE 2006, 111-114.
Reichel, Hans	Fragen der Tariffähigkeit in der neueren Rechtsprechung, in: RdA 1960, 81-89.
Reichel, Hans	Rechtsfragen zur Tariffähigkeit, in: RdA 1972, 143-152.

Reuß, Wilhelm	Die Schutz- und Ordnungsfunktion der Gewerkschaften, in: RdA 1968, 410-412.
Reuter, Dieter	Möglichkeiten und Grenzen einer Auflockerung des Tarifkartells, in: ZfA 1995, 1-94.
Richardi, Reinhard (Hrsg.)	Kommentar zum Betriebsverfassungsgesetz mit Wahlordnung, 11. Auflage, München 2008.
Richardi, Reinhard	Koalitionsfreiheit und Tariffähigkeit, in: Festschrift für Hellmut Wissmann zum 65. Geburtstag, 159-173, München 2005.
Ricken, Oliver	Autonomie und tarifliche Rechtsetzung, die Tarifzuständigkeit als Wirksamkeitsvoraussetzung des Tarifvertrages, Dissertation, München 2006.
Rieble, Volker	Relativität der Tariffähigkeit, in: Festschrift für Herbert Wiedemann zum 70. Geburtstag, 519-541, München 2002.
Rieble, Volker	Gewerkschaftswettbewerb und Tariffähigkeit, in: SAE 2006, 89-94.

Rüthers, Bernd

Die Kontrolle der sozialen Koalitionen
(Gewerkschaften und Arbeitgeberverbände) durch
Verwaltung und Rechtsprechung, in:
ZfA 1982, 237-256.

Sachs, Michael
(Hrsg.)

Kommentar zum Grundgesetz,
6. Auflage, München 2011.

Säcker, Franz-Jürgen

Grundprobleme der kollektiven Koalitionsfreiheit,
Rechtsquellen- und interpretationstheoretische
Bemerkungen zur legislativen und judikativen
Konkretisierung des Art. 9 Abs. 3 GG,
Düsseldorf 1969.

Schaub, Günter
(Hrsg.)

Arbeitsrechts-Handbuch, Systematische Darstellung
und Nachschlagewerk für die Praxis,
14. Auflage, München 2011.

Schaub, Günter

Tarifautonomie in der Rechtsprechung, in:
RdA 1995, 65, 67.

Schleusener, Axel Aino

Der Gewerkschaftsbegriff in § 11 ArbGG, in:
NZA 1999, 408-411.

Schmidt, Benedikt

Anmerkung zu BAG vom19.9.2006 –
1 ABR 53/05, in:
AP Nr. 5 zu § 2 BetrVG 1972.

Seiter, Hugo

Die Rechtsprechung des Bundesverfassungsgerichts
zu Art. 9 III GG, in:
AöR 109 (1984), 88-136.

Söllner, Alfred

Mächtigkeit und Leistungsfähigkeit als typologische
Merkmale der arbeitsrechtlichen Gewerkschaft, in:
AuR 1976, 321-325.

Stahlhacke, Eugen

Sozialpolitische Bedeutung als Voraussetzung der
Tariffähigkeit, in:
DB 1964, 697-698.

Starck, Christian
(Hrsg.)

Kommentar zum Grundgesetz, Band 1,
5. Auflage, München 2005.

Ulber, Daniel

Neues zur Tariffähigkeit, in:
RdA 2011, 353-362.

Wahl, Burkhard

Die Relativität des Gewerkschaftsbegriffes,
Ein Beitrag zur Einordnung der sozialen Mächtigkeit
im kollektiven Arbeitsrecht,
Dissertation, Frankfurt am Main 1980.

Wank, Rolf

Die juristische Begriffsbildung,
München 1985.

Wank, Rolf
Schmidt, Benedikt

Neues zur sozialen Mächtigkeit und organisatori-
schen Leistungsfähigkeit einer
Arbeitnehmervereinigung, Die Entwicklung der
BAG-Rechtsprechung und konkrete Folgerungen, in:
RdA 2008, 257-276.

Wank, Rolf /
Ramrath, Ulrich

Prozessvertretung durch Vertreter von Koalitionen
nach § 11 ArbGG, in:
NZA 1993, 345-351.

Wiedemann, Herbert

Kommentar zum Tarifvertragsgesetz,
7. Auflage, München 2007.

Wiedemann, Herbert   Anmerkung zu BAG vom 15.03.1977 –
                            1 ABR 16/75, in
                            AP Nr. 24 zu Art. 9 GG

Wolf, Manfred   Tarifautonomie, Kampfparität und gerechte
                            Tarifgestaltung, in:
                            ZfA 1971, 151-179.

Zeuner, Albrecht   Gedanken zum Verhältnis von Richterrecht und
                            Betätigungsfreiheit der Beteiligten, in:
                            Festschrift 25 Jahre Bundesarbeitsgericht, 727-744.
                            München 1979.

Zöllner, Wolfgang   Anmerkung zu BAG vom 09.07.1968 – 1 ABR 2/67,
                            in:
                            SAE 1969, 140-141.

Zöllner, Wolfgang   Die Rechtsprechung des Bundesverfassungsgerichts
                            zu Art. 9 Abs. 3 GG, in:
                            AöR 98 (1973), 71-102.

Zöllner, Wolfgang /   Arbeitsrecht, Ein Studienbuch,
Loritz, Karl-Georg   5. Auflage, München 1998

Zöllner, Wolfgang /   Arbeitsrecht, Ein Studienbuch,
Loritz, Karl-Georg /   6. Auflage, München 2008.
Hergenröder, Curt Wolfang

A. Eine Gewerkschaftslandschaft im Umbruch

Die „Beschäftigung mit dem Arbeitskampfrecht lässt gelegentlich an den Versuch denken, sich in einem Urwald zurechtzufinden."[1] Schwerpunkt dieser Arbeit ist zwar nicht das Arbeitskampfrecht, dennoch trifft diese Metapher des ehemaligen Bundesarbeitsgerichtspräsidenten Wißmann zu. Denn kaum ein anderes Thema im Arbeitsrecht ist so umstritten und vielseitig diskutiert wie das des Erfordernisses der sozialen Mächtigkeit für den Gewerkschaftsbegriff.[2] Dies liegt nicht zuletzt daran, dass der Gesetzgeber mit einer Entscheidung im Sinne der marginal überwiegenden Literaturauffassung auf sich warten lässt. Brisanz erlangt die seit einem halbem Jahrhundert bestehende Thematik durch die sich im Umbruch befindende Gewerkschaftslandschaft. Bedingt wird dies einerseits durch die Aufgabe des Grundsatzes der Tarifeinheit bei Tarifpluralität im Jahre 2010[3]. Demnach können in einem Betrieb für ein und dieselbe Regelungsmaterie auf verschiedene Arbeitsverhältnisse verschiedene Tarifverträge Anwendung finden.[4] Die damit verbundene Stärkung kleinerer Spartengewerkschaften begünstigt die Bildung neuer derselben. Von einem „Sieg des Berufsgruppenegoismus über den gewerkschaftlichen Großgruppenegoismus" ist die Rede.[5] Die Mitglieder dieser Spartengewerkschaften sehen ihre Interessen in einer für sie zugeschnittenen Vereinigung besser vertreten. So gibt es allein für die Luftfahrt gleich drei Berufsgewerkschaften.[6] Andererseits geht der Trend weg von den „großen" Gewerkschaften hin zu den „kleinen". Dies zeigen unter anderem die in den letzten Monaten aufgrund fehlender Mächtigkeit für nicht tariffähig erklärten Gewerkschaften wie der Beschäftigtenverband Industrie, Gewerbe, Dienstleistung (BIGD)[7] oder auch Medsonet[8]. Schließlich tragen die zunehmende Bedeutung von Firmentarifverträgen auch mit kleineren Gewerkschaften und die sinkenden Mitgliederzahlen in Gewerkschaften der Aktualität Rechnung.[9] Ungeachtet der näheren Klärung des Begriffs der sozialen Mächtigkeit ergibt sich schon aus dem Wortlaut, dass diesem Erfordernis für große Gewerkschaften keinerlei Bedeutung und damit praktische Auswirkungen zukam. So mutiert der anfangs noch eher rechtstheoretisch geführte Meinungsstreit zu einem für die Arbeitswelt relevanten Konflikt. Ziel dieser Arbeit ist es, den seit langem vor allem im Bereich des Tarifrechts geführten, und durch die Rechtsprechung vom einheitlichen Gewerk-

---

[1] Zitat vom ehemaligen BAG-Präsident Wißmann, übernommen von Kissel, Vorwort, V f.
[2] Löwer, in Kunig, Art. 9 Rn. 96.
[3] BAG NZA 2010, 1068, 1071.
[4] Junker, Rn. 577.
[5] Rieble, SAE 2006, 89, 90.
[6] Rieble, SAE 2006, 89, 90: Piloten (Vereinigung Cockpit), Flugbegleiter (Unabhängige Flugbegleiter Organisation) und Fluglosten (Gewerkschaft der Flugsicherung)
[7] ArbG Duisburg vom 22.08.2012, Aktenzeichen: 4 BV 29/12.
[8] ArbG Hamburg vom 17.05.2011, Aktenzeichen: 1 BV 5/10.
[9] Giere, S. 19.

1

schaftsbegriff auf weitere Bereiche erstreckten Streit im Sinne des Art. 9 III GG aufzulösen. Dabei wird vor allem auch danach gefragt, inwiefern eine soziale Mächtigkeit überhaupt erforderlich ist und was darunter zu verstehen ist. Schließlich werden im Schrifttum vorzufindende, auf den Bereich des Tarifrechts fokussierende alternative Lösungsansätze zur sozialen Mächtigkeit unter dem Gesichtspunkt der Effektivität und Zweckmäßigkeit überprüft.

B. Die soziale Mächtigkeit als Voraussetzung für den Koalitionsbegriff

Zur Einordnung der Problematik in den richtigen Kontext müssen Begriffe voneinander abgegrenzt und vor allem die soziale Mächtigkeit erläutert werden.

I. Der uneinheitliche Koalitionsbegriff

Strikt voneinander zu trennen sind die Begriffspaare des verfassungsrechtlichen und des arbeitsrechtlichen Koalitionsbegriffs.[10]

Wenn Art. 9 III GG von Vereinigungen spricht, so versteht man darunter Arbeitnehmer- und Arbeitgeberkoalitionen. Sind die Kriterien der freien Bildung, Wahrung und Förderung der Arbeits- und Wirtschaftsbedingungen, eine körperschaftliche Struktur, Unabhängigkeit und Gegnerfreiheit erfüllt, handelt es sich um eine verfassungsrechtliche Koalition, die in den Schutzbereich des Art. 9 III GG fällt.[11] Nach ganz herrschender Meinung ist für die Koalitionseigenschaft i.S.v. Art. 9 III GG aber keine Tariffähigkeit, und damit auch keine soziale Mächtigkeit erforderlich.[12] Sollten Arbeitnehmerkoalitionen also nicht sozial mächtig sein, ändert dies nichts an deren grundsätzlich grundrechtlich verbürgtem Schutz.[13] Der Einheitstheorie[14], nach der man nur beim Vorliegen von Tariffähigkeit – und damit dem Erfordernis der sozialen Mächtigkeit genüge getan werden muss – verfassungsrechtliche Koalition ist, ist nicht zu folgen.[15] So soll Art. 9 III GG dem Schutz aller Vereinigungen, die die Förderung der Arbeits- und Wirtschaftsbedingungen anstreben, dienen. Die Art und Weise der Zweckverfolgung steht den Koalitionen zur freien Wahl.[16] Ferner würden dadurch die nicht tariffähigen Arbeitnehmervereinigungen nur durch Art. 9 I GG geschützt.[17] Demnach ist der Trennungs-

---

[10] Von schlichten und mächtigen Gewerkschaften spricht Gamillscheg, S. 436.
[11] Siehe dazu: Junker, Rn. 451 ff.
[12] BVerfGE NJW 1995, 3377; BAG NJW 2311, 1386; Höfling, in: Sachs, Art. 9 Rn. 59; Kemper, in: Starck, Art. 9 Abs. 3 Rn. 109; Rüthers, ZfA 1982, 237, 247; Höfling, RdA 1999, 182 ff.
[13] BAG AP Nr. 30 zu § 2 TVG III 2; BAG AP Nr. 24 zu Art. 9 GG; BVerfGE 4, 96, 107.
[14] Begriff von Hemmen, S. 38.
[15] Nipperdey, RdA 1964, 361; Meissinger, AuR 1955, 1 ,3; Schnorr, RdA 1955, 3, 7; Säcker, S. 61.
[16] BVerfGE 18, 18, 32; 58, 233, 247; BAG AP Nr. 30 zu § 2 TVG.
[17] BAG AP Nr. 30 zu § 2 TVG; Hemmen, S. 38 f.

theorie[18], die die Tariffähigkeit als nicht notwendigen Bestandteil des verfassungsrechtlichen Koalitionsbegriffs sieht, der Vorzug zu gewähren.

Um als arbeitsrechtliche Koalition, und damit als Gewerkschaft qualifiziert zu werden, bedarf es aber nach herrschender Meinung zusätzlich zu den Merkmalen einer Koalition i.S.v. Art. 9 III GG unter anderem immer auch einer sozialen Mächtigkeit.[19] Im Zuge dessen wird von den Koalitionen Tariffähigkeit verlangt.[20] Somit kann festgestellt werden, das eine Gewerkschaft immer auch Koalition gemäß Art. 9 III GG, letztere aber nicht immer eine Gewerkschaft ist. Die Klärung der Frage, was unter sozialer Macht zu verstehen ist, und warum in diesem Zusammenhang von Tariffähigkeit gesprochen wird, ist Aufgabe des nächsten Abschnitts.

II. Begriff der sozialen Mächtigkeit

Der auch mit Durchsetzungsfähigkeit[21], Verbandsmacht[22] oder Leistungsfähigkeit[23] synonym[24] umschriebene Begriff der sozialen Mächtigkeit ist nicht einheitlich definiert, sondern ergibt sich vielmehr aus der ständigen Rechtsprechung des Bundesarbeitsgerichts[25]. Die Terminologie wird dabei teils synonym, teils unterschiedlich aufgefasst. Insbesondere in der Literatur ist kein klarer Konsens zu entdecken. Dieser sehr zu Verwirrung beitragende Zustand soll durch eine prägnante Darstellung des Begriffs vermieden werden.

1. Herleitung der Mächtigkeit

Die Ausführungen des Bundesverfassungsgerichts[26] im Jahre 1964 zur Tariffähigkeit waren Ausgangspunkt für die Entwicklung des Mächtigkeitserfordernisses durch das BAG.

Ersteres erklärte, dass der mit der Tarifautonomie zu verfolgende Zweck eines sinnvoll geordneten Arbeitslebens nur durch Tarifverträge erreicht werden kann. Dieser im öffentlichen Interesse liegende Zweck kann deshalb nur den Koalitionen zuteil kommen, die der Aufgabe auch gewachsen sind. Um dies sicherzustellen, müssen an die Tariffähigkeit gewisse Mindestanforderungen geknüpft werden.[27]

Das BAG sah sich jedoch schon vor dieser Grundsatzentscheidung dazu berufen, die Tariffähigkeit auszugestalten, sodass es diese bereits im Jahre 1956 von der Arbeitskampfbereit-

---

[18] Begriff von Hemmen, S. 38.
[19] BVerfGE 100, 214, 223; BAGE 23, 230, 324; BAG AP Nr. 24 zu Art. 9 GG
[20] BAGE 23, 230, 324; BAG AP Nr. 24 zu Art. 9 GG.
[21] BAGE 53, 347, 356; 64, 16, 20; BVerfGE 58, 233, 251.
[22] BAG DB 1978, 1279, 1279; BAGE 53, 347, 357; BVerfGE 58, 233, 246.
[23] BAGE 29, 72, 83; BVerfGE 58, 233, 249.
[24] Hemmen, S. 5.
[25] Nachfolgend mit BAG abgekürzt.
[26] Nachfolgend mit BVerfG abgekürzt.
[27] BVErfGE 18, 18, 28.

schaft abhängig machte.[28] In der oben genannten Entscheidung kritisierte das BVerfG[29] dies jedoch, sodass das BAG immer mehr von diesem Erfordernis absah, bis es schließlich das Kriterium der sozialen Mächtigkeit entwickelte.[30] Ob dieses nun der Austausch[31] oder die Weiterentwicklung[32] der Arbeitskampfbereitschaft war, sei dahingestellt. Jedenfalls folgerte das BAG zum ersten Mal im Jahre 1968 unter Bezugnahme auf die Verfassungsrechtsprechung, das unter diese Mindestanforderungen auch die soziale Mächtigkeit falle.[33] Dem ist jedoch nicht uneingeschränkt zuzustimmen, da das BVerfG die zu erfüllenden Mindesterfordernisse in der genannten Entscheidung auch zugleich aufzählte, unter denen sich aber kein Hinweis auf die soziale Mächtigkeit befand. Allerdings hat es dem Gesetzgeber zugebilligt, im Interesse der Ordnung und Befriedigung die Teilnahme am Tarifvertragssystem von weiteren, in Art. 9 III GG nicht genannten Merkmalen abhängig zu machen.[34] Somit waren die den noch gestaltungsoffenen Art. 9 III GG betreffenden Ausführungen des BAG grundsätzlich verfassungsrechtlich unbedenklich, aber von Art. 9 III GG her auch nicht geboten.[35]

Der Rechtsbegriff der sozialen Mächtigkeit wurde demnach nicht durch einen Akt der Legislative, sondern durch die Judikative des BAG geschaffen. Diese wurde in den letzten 50 Jahren immer wieder Gegenstand höchstrichterlicher Rechtsprechung[36]. Eine Zusammenfassung dessen, was nun konkret darunter zu verstehen ist, veranschaulicht der nächste Abschnitt.

2. Erklärung der Mächtigkeit

Auf jede Rechtsprechung einzeln einzugehen würde den Rahmen dieser Arbeit sprengen und wäre auch nicht zweckdienlich. Deshalb wurden die aussagekräftigsten Entscheidungen zusammengeführt.

Demnach versteht man unter der sozialen Mächtigkeit die „Durchsetzungskraft einer Arbeitnehmervereinigung gegenüber dem sozialen Gegenspieler, die sicherstellt, dass dieser wenigstens Verhandlungsangebote nicht übersehen kann. Ein angemessener, sozial befriedigender Interessensausgleich kann nur zustande kommen, wenn die Arbeitnehmervereinigung so leistungsfähig ist, dass sich die Arbeitgeberseite veranlasst sieht, sich auf Verhandlungen über eine tarifliche Regelung einzulassen und zum Abschluss eines Tarifvertrages zu kommen."[37]

---

[28] BAGE 4, 351, 352.
[29] BVerfGE 18, 18, 26 f.
[30] Dütz, DB 1996, 2385, 2836; Kissel, § 9 Rn. 19.
[31] So Eitel, S. 39.
[32] So Geerds, S. 48; Kissel, § 9 Rn. 20.
[33] BAGE 21, 98, 101.
[34] BVerfGE 4, 96, 107 f.; 18, 18, 26 f.
[35] Buchner, in: FS 25 Jahre BAG, 55, 62.
[36] BAGE 21, 98, 101 f.; 29, 72, 80; 53, 346, 356; 64, 16, 20;
[37] BAGE 49, 322, 330; 117, 308.

Was bei der Rechtsprechungsrecherche vor allem ins Auge fällt, ist die variierende Gebrauchsweise der Merkmale der Mächtigkeit, Durchsetzungs-, Leistungs- und Druckausübungsfähigkeit. So findet man den das Thema dieser Arbeit den Namen gebenden Begriff erstmals im Jahre 1977 in einer Entscheidung, also erst neun Jahre nach der ersten.[38] Die Jahre der Diskussionen haben aber gezeigt, dass sich der Begriff der sozialen Mächtigkeit in der Literatur als zusammenfassende Umschreibung dieser Anforderungen durchgesetzt hat.[39] Welche dies im Einzelnen sind und was darunter zu verstehen ist, wird nun erläutert.

3. Kriterien der Mächtigkeit

Mächtigkeit ist nach Ansicht des BAG nur anhand objektiver Kriterien feststellbar.[40] Hierzu zählt auf der einen Seite die Durchsetzungsfähigkeit und auf der anderen Seite die organisatorische Leistungsfähigkeit.

a) Durchsetzungsfähigkeit und Annahmen gegen diese

Durchsetzungsfähigkeit gegenüber dem sozialen Gegenspieler bedeutet nicht, dass die Arbeitnehmerkoalition die Chance des vollständigen Sieges haben muss. Es muss nur erwartet werden können, dass sie aufgrund ihrer Mitglieder- oder Organisationsstärke vom Gegner ernst genommen wird.[41]

Was allgemein gesagt werden kann, ist, dass eine hohe Mitgliederzahl einer Vereinigung als Indiz für die Durchsetzungsfähigkeit anerkannt ist. Absolute Zahlen hierfür werden jedoch nicht genannt. Die Mitgliederzahlen sind auch nicht mit Blick auf die gesamte Arbeitnehmerschaft zu sehen, sondern relativ auf den Organisationsbereich, für den sich der Verband zuständig erklärt.[42] Hierbei wird immer wieder vom Organisationsgrad einer Gewerkschaft gesprochen, der die Gesamtzahl der in der Gewerkschaft organisierten Arbeitnehmer ins Verhältnis zur Gesamtzahl der Beschäftigten in diesem Betätigungsfeld setzt. Je höher dieser ist, desto höher sei auch die Indizwirkung. In der Vergangenheit konnte auch ein geringer Organisationsgrad die geforderte Durchsetzungskraft belegen, wenn es sich bei den Verbandsmitgliedern vornehmlich um Schlüsselkräfte handelt.[43] Begründet wurde dies mit den drohenden wirtschaftlichen Schäden im Falle eines Arbeitskampfes, der die Fähigkeit, Druck auszuüben,

---

[38] BAG AP Nr. 24 zu Art. 9 GG.
[39] Geerds, S. 47, m.w.N.
[40] BAG DB 1978, 1279, 1280.
[41] BAGE 117, 308; BVerfGE 58, 233.
[42] BAG AP Nr. 32, 34, 38, 55 zu § 2 TVG; BAG AP Nr. 1, 4 zu § 2 Tariffähigkeit; BAG DB 2005, 1117; BVerfGE AP Nr. 31 zu § 2 TVG.
[43] BAGE 21, 98, 103; 29, 72, 80; 113, 82, 90.

hinreichend belegt.[44] Dies soll nun seit dem GKH-Beschluss im Jahre 2010 scheinbar unbeachtlich für die Feststellung der Tariffähigkeit sein.[45] Dies würde eine nicht nur unerhebliche Auswirkung auf die künftige Entwicklung des Koalitionsspektrums bedeuten.[46]

Ferner kann ein Indiz für die Durchsetzungsfähigkeit sein, wenn sich Verbände durch Abschlüsse von Tarifverträgen aktiv ins Tarifgeschehen mit eingebracht haben. Dies lasse Rückschlüsse auf die Durchsetzungsfähigkeit zu.[47] Bei kontinuierlichen Regelungen seien nicht einmal der Inhalt und die Umstände des Zustandekommens des Tarifvertrags ausschlaggebend.[48] Sollten jedoch noch keine Abschlüsse getätigt worden sein, ist fiktiv darauf abzustellen, ob die Koalition dazu in der Lage wäre.[49] Dies ist jedoch nicht ansatzweise justiziabel und daher abzulehnen.[50] Es fragt sich jedoch, welche abgeschlossenen Tarifverträge für eine Indizwirkung sprechen bzw. welche davon ausgenommen werden sollen.

Schein- und Gefälligkeitstarifverträge sollen keinerlei die Durchsetzungsfähigkeit bestätigende Wirkung erhalten.[51] Während es sich beim Scheintarifvertrag nur der äußeren Form, nicht aber dem Inhalt nach um einen Tarifvertrag handelt, liegt ein Gefälligkeitsvertrag vor, wenn lediglich der Abschluss eines Tarifvertrags zum Zwecke der Erlangung der Gewerkschaftseigenschaft verfolgt oder der Arbeitgeberseite dadurch willentlich Vorteile zukommen sollen.[52] Ferner dürfen geschlossene Tarifverträge nicht einem Diktat der Arbeitgeberseite entspringen.[53] Inwiefern dieses Ausschlusskriterium der Richtsicherheit dienlich ist, ist mehr als fragwürdig. So müsste, um dies festzustellen, immer eine Inhaltskontrolle durchgeführt werden, was eine unzulässige Tarifzensur darstellt.[54]

Neu ist, dass in Tarifgemeinschaft mit anderen Koalitionen getätigte Tarifabschlüsse die Tariffähigkeit nicht positiv indizieren können.[55] Grund dafür ist, dass nicht festgestellt werden kann, auf welcher Durchsetzungsfähigkeit der beteiligten Koalitionen die Tarifabschlüsse beruhen.[56]

Verworren ist die Rechtslage bei Tarifverträgen, die von den Vertragsparteien teilweise oder vollständig übernommen wurden, den Anschlusstarifverträgen. Während bis zum Jahre 2006

---

[44] BAG AP Nr. 1, 32 zu § 2 TVG; BAG AP Nr. 4 zu § 2 TVG Tariffähigkeit.
[45] BAG EzA Nr. 31 zu § 2 TVG, Rn. 54.
[46] Greiner, NZA 2011, 825, 829.
[47] BAGE 49, 322, 332.
[48] BAG AP Nr. 34, 55 zu § 2 TVG; BAG AP Nr. 4 zu § 2 TVG Tariffähigkeit.
[49] BAGE 29, 72, 88.
[50] Zöllner/Loritz (2008), § 35 I 2.
[51] BAGE 49, 322, 333.
[52] BAG AP Nr. 34 zu § 2 TVG; BAG AP Nr. 4 zu § 2 TVG Tariffähigkeit.
[53] BAG DB 1987, 947; BAGE 117, 308.
[54] Zöllner/Loritz (2008), § 35 I 2.
[55] BAG NZA 2011, 300.
[56] Greiner, NZA 2011, 825.

eine Indizwirkung grundsätzlich abgelehnt wurde[57], verwarf das BAG diese Sichtweise und ging davon aus, dass der Abschluss von solchen Übereinkommen ein Zeichen von Stärke einer Koalition sei, weil sich die Arbeitgeberseite zu diesen nicht veranlasst zu fühlen braucht.[58] Diese wurden letztlich den originären Tarifverträgen gleichgestellt, da auch hier keine nähere Feststellung hinsichtlich des Zwecks und der Umstände des Abschlusses erforderlich war.[59] Nach neuester Rechtsprechung[60] nimmt der BAG wieder eine Kehrtwende vor, und scheint den Anschlusstarifverträgen bei der Beurteilung der Durchsetzungsfähigkeit nun überhaupt keine Bedeutung mehr beimessen zu wollen. Denn es spricht unmissverständlich, aber ohne Begründung, davon, dass lediglich originär ausgehandelte Tarifverträge vergangenheitsbasierte Orientierungswerte liefern können.[61] Dahinter könnte der Gedanke mit der Aufgabe des Grundsatzes der Tarifeinheit stecken. Bis zum Jahre 2006 konnte ein Verband seine Tariffähigkeit lediglich durch den Abschluss originärer Tarifverträge nachweisen. Dies brachte aber den großen Nachteil mit sich, dass sich diese Tarifverträge von bereits in einschlägigen Zuständigkeitsbereich vorhandenen kaum durch bessere Arbeitsbedingungen abheben konnten.[62] Mehr ins Gewicht fiel jedoch die Tatsache, dass aufgrund der Tarifeinheit im Betrieb, der Arbeitgeber von originären Tarifverträgen mit abweichenden Regelungen keinen Nutzen, und wegen dem Bestreben nach einheitlichen Regelungen auch kein Bedürfnis hatte.[63] Somit konnten nur Anschlusstarifverträge Abhilfe schaffen, will ein Verband nicht Tarifverträge mit schlechteren Arbeitsbedingungen schließen.[64] Um wohl diese Misere zum größten Teil zu vermeiden, schloss das BAG im Jahre 2006 auch Anschlusstarifverträge in den Kreis der Indizienträger mit ein. Nachdem die Rechtsprechung von der Tarifeinheit im Betrieb aber 2010 wegfiel, ist das Bedürfnis nach Anschlusstarifverträgen scheinbar nicht mehr so hoch.[65] Dies ist jedoch nicht wünschenswert, da sie bei „Wahrung der Koalitionsvielfalt zu einer gewillkürten Tarifeinheit führen".[66]

---

[57] BAG AP Nr. 36 zu § 2 TVG; BAG AP Nr. 1 zu § 2 TVG Tariffähigkeit, es sei denn es ist kein Diktat der Arbeitgeberseite feststellbar, was aus oben genannten Gründen nicht justiziabel ist.
[58] BAG AP Nr. 4 zu § 2 Tariffähigkeit.
[59] BAG AP Nr. 4 zu § 2 Tariffähigkeit.
[60] BAG NZA 2011, 300.
[61] BAG NZA 2011,
[62] Hümmerich/Holthausen, NZA 2006, 1070, 1075.
[63] Hümmerich/Holthausen, NZA 2006, 1070, 1075.
[64] Hümmerich/Holthausen, NZA 2006, 1070, 1075.
[65] Mit geänderten wirtschaftlichen Gründen spekulierend: Greiner, NZA 2011, 825, 829.
[66] Greiner, NZA 2011, 825, 829.

b) Organisatorische Leistungsfähigkeit

Zweck der organisatorischen Leistungsfähigkeit ist es, sicherzustellen, dass Koalitionen ihre tariflichen Aufgaben ordnungsgemäß erfüllen.[67] Dazu gehören die Vorbereitung und Überwachung der Tarifverträge dahingehend, dass diese auch eingehalten, durchgeführt und immer noch dem Interesse der Mitglieder dienlich sind.[68] Dazu sind neben einer hinreichenden Liquidität ebenso aussagekräftiges Human- und Betriebskapital erforderlich.[69] Hierfür ist nicht erforderlich, dass ein Verband ausschließlich oder überwiegend eigene Mitarbeiter oder Betriebsmittel bereitstellen muss. Er kann sich – durch den GKH-Beschluss bestätigt – dafür auch einer anderen Arbeitnehmervereinigung bedienen, solange sie nicht dessen „verlängert Arm" ist.[70] Das BAG betont damit, dass nicht nur Unabhängigkeit zum sozialen Gegenspieler, sondern auch zu einer „Schwestergewerkschaft" bestehen muss.[71] Die dahinter liegende Intention könnte sein, dass das oberste Gericht für Arbeitsrechtsstreitigkeiten möglicherweise eine Transparenz dahingehend sicherstellen will, dass das potentielle Gewerkschaftsmitglied klar erkennen kann, welche Vereinigung sich tatsächlich hinter einem Tarifvertrag verbirgt.[72] Damit einhergehend soll es der Gewerkschaft im Hintergrund nicht möglich sein, sich durch eine vorgeschobene Arbeitnehmervereinigung wie auch immer geartete Vorteile zu verschaffen.[73]

c) Kritik an der bis dato bestehenden Rechtspraxis

Das am häufigsten vorgebrachte Argument gegen die Rechtsprechung ist der Verstoß gegen den Bestimmtheitsgrundsatz nach Art. 20 III GG. So sollen die Kriterien ständigen Schwankungen unterliegen und insbesondere deren Erfüllung für den Rechtsanwender nicht vorhersehbar sein.[74] Dies gilt vor allem für den kaum auszumachenden erforderlichen Mindestbestand an Mitgliedern und Leistungsfähigkeit. Ferner würde durch zu hohe Hürden den Verbänden die durch Art. 9 III GG gewährte „Luft zum Atmen" genommen[75] und den etablierten großen Gewerkschaften eine Monopolstellung eingeräumt.[76] Ohne Tariffähigkeit sei eine Ko-

---

[67] BVerfGE 58, 233, 249; BAGE 29, 72, 83, 53, 346, 356.
[68] BVerfGE 58, 233, 252; BAGE 95, 36, 45 f.
[69] BAG AP Nr. 34, 36, 39, 55 zu § 2 TVG.
[70] BAG EzA Nr. 31 zu § 2 TVG, Rn. 37.
[71] Greiner, Anm. BAG EzA Nr. 31 zu § 2 TVG, 35, 50.
[72] Greiner, NZA 2011, 825, 826.
[73] Greiner, NZA 2011, 825, 826.
[74] Gamillscheg, S. 434; Zöllner, SAE 1969, 140; Zöllner/Loritz (1998), § 34 I 2 a; Säcker, in: Hueck/Nipperdey, S. 1658; Kraft, SAE 1978, 43, 44; Bruhn, S. 192 ff.; Eitel, S. 57; Hemmen, S. 72 ff.
[75] Gamillscheg, S. 434; Zöllner/Loritz (1998), § 34 I 2 a; Mayer-Maly, RdA 1979, 356, 358; Wiedemann, AP Nr. 24 zu Art. 9 GG II 2 a (3).
[76] Grunsky, JZ 1977, 473 f.; Kraft, SAE 1978, 43, 44; Wiedemann, AP Nr. 24 zu Art. 9 GG II 2 a (3).

alition wie „Kernobst ohne Kerne."[77] Dogmatisch wird in § 2 I TVG keine Grundlage gesehen[78] und ein Verstoß gegen Art. 3 I GG[79], zumindest aber ein Wertungswiderspruch angenommen[80], da für die Arbeitgeberseite keine soziale Mächtigkeit erforderlich ist. Schließlich standen auch datenschutzrechtliche Problemfelder auf dem Zettel der Kritiker, da bei der Klärung der Frage eines hinreichenden Mitgliederbestandes, Namen preisgegeben werden mussten.[81] Ob all diese Kritikpunkte nach der nachfolgend beschriebenen Kriteriengewichtung noch vollständig aufrechterhalten werden kann, wird an späterer Stelle erörtert.

aa) Gewichtung der Kriterien

Während bis zum Jahre 2006 keine einheitliche Linie hinsichtlich der Gewichtung der Kriterien verfolgt wurde, änderte sich dies mit dem CGM-Beschluss.[82] Demnach sollte dem erfolgreichen Abschluss von Tarifverträgen wesentliche Bedeutung zukommen, und erst bei negativer Feststellung einer Mächtigkeit auf die übrigen, kumulativ vorzuliegenden Kriterien eines hinreichenden Organisationsgrades und Leistungsfähigkeit zurückgegriffen werden. Bei positiver Feststellung ging das BAG davon aus, dass dann auch die anderen Merkmale hinreichend erfüllt sind.[83] Konsequenterweise sollte es dann auch nicht mehr darauf ankommen, ob die Gewerkschaft in den vom Geltungsbereich eines abgeschlossenen Tarifvertrags unterfallenden Betrieben vertreten ist.[84]

bb) Bewertung der Kritik nach vorgenommener Kriteriengewichtung

Durch die im CGM-Beschluss vorgenommene Kriteriengewichtung gewann das Mächtigkeitskriterium ein großes Maß der zuvor vielfach bemängelten Rechtssicherheit[85]. Es musste nur noch nachrangig der Mitgliederbestand und die organisatorische Leistungsfähigkeit durch die Gerichte festgestellt werden, wodurch die Kritik bezüglich der Rechtssicherheit, wenn nicht vollständig, aber doch in erheblichem Maße an Gewicht verliert. Ferner wurde die diesbezüglich auftretende datenschutzrechtliche Problematik bei der Beweiserhebung des Mitgliederbestands weitestgehend vermieden.[86] Damit zusammenhängend konnte dessen Infor-

---

[77] Säcker, in: Hueck/Nipperdey, S. 1658;.
[78] Auf dieses Problem wird im Folgenden nicht mehr näher eingegangen. Aber insofern völlig korrekt: Mayer-Maly, SAE 1991, 100, 102; Benecke, SAE 1988, 60, 63; Franzen, RdA 2001, 1, 6.
[79] Bruhn, S. 197 f.
[80] Zöllner/Loritz (1998), § 34 I 2 a.
[81] Ohne Einwilligung ist dies nicht möglich, Henssler, S. 40.
[82] AP Nr. 4 zu § 2 TVG Tariffähigkeit.
[83] BAG EzA Nr. 28 zu § 2 TVG, Rn. 75.
[84] Greiner, Anm. BAG EzA Nr. 30, 31 zu § 2 TVG, 35, 37 f.
[85] Giere, S. 60 ff. m.w.N.
[86] Die sich insbesondere daraus ergibt, dass die Namen der Mitglieder preisgegeben werden mussten, Greiner, Anm. BAG EzA Nr. 30, 31 zu § 2 TVG, 35, 39.

mationswert sowohl von dem sozialen Gegenspieler als auch von einer Konkurrenzgewerkschaft im Zuge eines Verfahrens nach § 97 ArbGG nicht mehr gegen den Verband eingesetzt werden.[87] Insgesamt war dies auch für die sich im Aufbau befindenden Gewerkschaften ein der Koalitionsfreiheit entgegenkommender Kompromiss, konnten sie so auch in realistischer Weise ihre soziale Mächtigkeit nachweisen. Ob die verfassungsrechtlichen Einwände berechtigt sind, kann erst nach Erläuterung des Gewerkschaftsbegriffs geklärt werden.

cc) Mögliches Aufkeimen alter Kritik

Das Kriterienverhältnis hat sich seit dem GKH-Beschluss im Jahre 2010 scheinbar umgekehrt. Nun soll ein hinreichender Mitgliederbestand mächtigkeitsbejahende Priorität besitzen.[88] Lediglich bei Zweifeln soll auf die bisherige Tarifpraxis zurückgegriffen werden, die auch ein Beleg für die soziale Mächtigkeit sei.[89] Dadurch würde die oben erwähnte Kritik wieder aufleben, was äußerst unliebsam wäre.

Fraglich ist, ob die Rechtsprechungsänderung für alle nachrangigen Entscheidungen Geltung beansprucht oder dem Beschluss eine Einschränkung zu entnehmen ist.[90] Denn das Gericht betont, dass keine Änderung, sondern Kontinuität der bisherigen Rechtsprechung gewollt ist.[91] Die Besonderheit am GKH-Beschluss war, dass die Gewerkschaft GKH eine noch sehr junge war und in kürzester Zeit sehr viele Tarifverträge abschloss. Dies würde angesichts der bis dato vorherrschenden Kriteriengewichtung die soziale Mächtigkeit belegen können. Hier drängte sich aber geradezu die Vermutung auf, dass dies lediglich Gefälligkeitstarifverträge[92] waren. Um gerade diesen Verdacht auszuräumen, ist auf die aktuelle Mitgliederzahl abzustellen.[93] In Anbetracht des jüngeren CGM-Beschlusses muss also differenziert werden zwischen etablierten und neu gegründeten Koalitionen. Bei letzteren befindet sich die Indizwirkung des aktiven Tarifverhaltens in einer Zwitterposition. Werden innerhalb kürzester Zeit viele Tarifverträge geschlossen, kommt der eigentlich positiven Indizwirkung für die Tariffähigkeit negatives Gewicht zu.[94] Um diese negative Wirkung wieder auszuräumen, ist daher primär auf den Organisationsrad zu schauen. Bei etablierten Gewerkschaften, die über Jahre hinweg Tarifverträge schließen, ist dagegen weiterhin die vergangenheitsbasierte Betrachtungsweise

---

[87] Zu den Gefahren siehe Hümmerich/Holthausen, NZA 2006, 1070, 1071.
[88] BAG EzA Nr. 31 zu § 2 TVG Rn. 38.
[89] BAG EzA Nr. 31 zu § 2 TVG Rn. 38.
[90] Auf den alleinigen Wortlaut der Entscheidung abstellend und damit völlig unreflektiert: Brummer/Butz, ArbRAktuell 2012, 271.
[91] BAG EzA Nr. 31 zu § 2 TVG, Rn. 38.
[92] Greiner, NZA 2011, 825, 827.
[93] Greiner, NZA 2011, 825, 828.
[94] Greiner, Anm. zu BAG EzA Nr. 30, 31 zu § 2 TVG, 35, 47.

aufrecht zu erhalten.[95] Letztlich handelt es sich bei der GKH-Rechtsprechung also nur um eine „klarstellende Schärfung der Missbrauchskontrolle" bezüglich Gefälligkeitstarifverträge.[96] All diese Überlegungen hat das BAG aber nicht in Worte gefasst, sondern sich missverständlich ausgedrückt. Daher ist bei reiner Orientierung am Wortlaut eine Kehrtwende auch nicht auszuschließen. Dass aber die hier vorgenommene Interpretation Bestand haben könnte, zeigt der zwei Monate danach ergangene CGZP-Beschluss[97], der im Kern die Rechtsprechung zur CGM unangetastet ließ.

4. Funktionen der Mächtigkeit

Durch den erstgenannten Richterspruch durch das BVerfG wird klar, dass der sozialen Mächtigkeit die Aufgabe zuteil wird, die Tarifautonomie zu schützen. Deswegen kann zur Bestimmung deren Funktionen auf die wichtigsten Prinzipien zurückgegriffen werden, die zum Schutze der Tarifautonomie entwickelt wurden. So kreisen die Befürchtungen der Rechtsprechung immer wieder um die Störung der Tarifautonomie.

Wenn das BAG davon spricht, dass zwischen den sozialen Gegenspielern Gewerkschaft – Arbeitgeber ein Kräftegleichgewicht herrschen muss, um im Zuge dessen ein Tarifdiktat der Arbeitgeberseite zu verhindern[98], handelt es sich um die zum Schutze der Arbeitnehmer historische gewachsene Schutzfunktion.[99] So soll diese bei nichtmächtigen Arbeitnehmervereinigungen durch inkonsequente Wahrnehmung der Interessen ihrer Mitglieder und einer uneffektiven Kampfführung verletzt werden.[100]

Das BVerfG sieht des Weiteren in der Tarifautonomie eine im öffentlichen Interesse liegende soziale Befriedung der Gemeinschaft, deren Erfüllung die Gewerkschaften durch eine sinnvolle Ordnung des Arbeitslebens sicherstellen soll.[101] Hierbei handelt es sich um die Ordnungsfunktion. Tarifvertragliche Regelungen führen zu einer Vereinheitlichung der Arbeitsbedingungen[102], die durch viele nichtmächtige und unter Wettbewerbsdruck stehende Arbeitnehmervereinigungen schwer herzustellen ist.[103]

---

[95] Greiner, NZA 2011, 825, 828.
[96] Die auch von der Literatur bemängelt wurde, Greiner, Anm. zu BAG EzA Nr. 30, 31 zu § 2 TVG, 35, 47; ders., NZA 2011, 825, 829;
[97] NZA 2011, 289.
[98] BAGE 29, 72, 82; BVerfGE 58, 233, 249.
[99] Schaub, RdA 1995, 65, 67; Reuß, RdA 1968, 410.
[100] Buchner, in: FS 25 BAG, 55, 68.
[101] BVerfGE 18, 18, 28, 58, 233, 248; BAGE 21, 98, 102.
[102] Treber, in: Schaub, Arbeitsrechtshandbuch, § 197 Rn. 5.
[103] Herschel, JuS 1978, 524, 527.

Eng mit der Ordnungsfunktion in Beziehung stehend verlangt die Friedensfunktion, dass das Arbeitsleben so geordnet werden soll, dass die Gemeinschaft sozial befriedet wird.[104] Die Wahrung des Friedens sei aber durch nichtmächtige Koalitionen nicht zu erwarten, da die Akzeptanz der Regelungen unter den Mitgliedern nicht sehr hoch sei aufgrund geringer Einflussnahme während den Tarifverhandlungen.[105] Andere Stimmen in der Literatur befürchten vermehrt Arbeitskämpfe, sei es um mit den großen Gewerkschaften mitzuhalten oder auch nur um der Störung willen.[106]

Aus all diesen Ausführungen ist jedoch noch nicht hervorgegangen, was unter einer Gewerkschaft zu verstehen ist.

III. Der einheitliche Gewerkschaftsbegriff

Wie ganz zu Beginn festgestellt, findet sich der Gewerkschaftsbegriff nicht auf verfassungsrechtlicher Ebene, dafür aber in vielen einfachgesetzlichen Regelungen, wie im BetrVG, ArbGG, MitbestG, und PersVG. Was eine Gewerkschaft ausmacht, ist aber niemals im Sinne einer Legaldefinition oder bezüglich seiner Merkmale kodifiziert worden.[107] Auch der Staatsvertrag über die Schaffung einer Währungs-, Wirtschafts- und Sozialunion vom 18.05.1990 kann entgegen einer Mindermeinung[108] nicht als verbindliche, gesetzliche Auslegungsregel herangezogen werden. Denn dieser sah keine Änderung des bundesdeutschen Rechts vor, sondern lediglich die Anpassung des Rechts der ehemaligen DDR an die Verhältnisse der BRD, welcher schließlich auch nach dem Beitritt der DDR jegliche Gesetzeskraft verlor.[109]

Über jahrelange Rechtsprechung haben sich aber unstreitige Kriterien herauskristallisiert. So muss eine Gewerkschaft neben den typischen Eigenschaften einer Koalition i.S.v. Art. 9 III GG immer auch tariffähig sein. Hierzu zählt laut Rechtsprechung die Tarifwilligkeit, die Anerkennung des geltenden Tarif- und Schlichtungsrecht und eben die soziale Mächtigkeit.[110] Umstritten ist dabei vor allem, ob letzteres Merkmal zwingend für den Gewerkschaftsbegriff ist. Der BAG bejaht dies wie gesehen nicht nur, sondern geht einen Schritt weiter. Überall dort, wo der Gewerkschaftsbegriff in einer Norm erwähnt wird, sind die oben genannten Voraussetzungen zu erfüllen, um daraus Rechte und Pflichten begründen zu können. Hierzu führte es im Jahre 1956 folgendes aus:

---

[104] Siehe Fn. 101.
[105] Giere, S. 117.
[106] Dütz, AuR 1976, 65, 80.
[107] Buchner, in: FS 25 Jahre BAG, 55.
[108] Gitter, in: FS Kissel 265, 270; Kissel, NZA 1990, 545, 549 f.
[109] Henssler, S. 15; Isenhardt, S. 41 m.w.N.
[110] Junker, Rn. 518 m.w.N.

„Der Gewerkschaftsbegriff in der arbeitsrechtlichen Gesetzgebung ist ein einheitlicher. Er findet seinen Ausgangspunkt im TVG, das die Gewerkschaften als tariffähig erklärt. Um dieser Tariffähigkeit willen bestehen die weiteren besonderen Regelungen der Rechtsstellung der Gewerkschaften auf dem Gebiete des kollektiven Arbeitsrechts."[111] Das BVerfG hat auch nie eindeutig für oder gegen eine Einheitlichkeit des Gewerkschaftsbegriffs Stellung bezogen. Es führte lediglich aus, dass der Begriff im Tarifrecht möglicherweise anders als in anderen arbeitsrechtlichen Gesetzen auszulegen sei.[112] Inwiefern die Auffassung des BAG zutreffend sein könnte, soll eine Auslegung nach den klassischen juristischen Methoden ergeben.

1. Auslegung des Wortlauts

Rechtlich ist es durchaus möglich, demselben Begriff in verschiedenen Vorschriften die gleiche Bedeutung zugunsten einer einheitlichen Rechtsordnung zukommen zu lassen.[113] Gegenteiliges ist insofern aber auch nicht ungewöhnlich.[114] So kann nach der Relativität der Rechtsbegriffe[115] ein Ausdruck in unterschiedlichen juristischen Kontexten nur dann als identisch aufgefasst werden, wenn überhaupt ein vergleichbarer Regelungsbereich vorliegt. Entscheidend ist folglich, welche Bedeutung die jeweilige Norm dem Gewerkschaftsbegriff nach seinem Sinn und Zweck beimessen will, und ob dieser mit der geforderten Tariffähigkeit konform geht. Hinzu kommt, dass die Rechtsprechung die Tariffähigkeit um die soziale Mächtigkeit erweitert hat, sodass auch diese hier relevante Verschärfung mit den anderen Normzwecken kongruent wäre.[116] Damit darf ungeachtet einer näheren Untersuchung der jeweiligen Normen ein pauschaler einheitlicher Gewerkschaftsbegriff entgegen des BAG und einiger Vertreter in der Literatur[117] nicht angenommen werden.

2. Historische Auslegung

Während früher die These vom einheitlichen Gewerkschaftsbegriff noch durchaus zutreffend erschien[118], trifft dies in der heutigen Zeit nicht mehr zu. Zur Zeit der Weimarer Republik fand das erst später entwickelte Erfordernis einer sozialen Mächtigkeit bei den Merkmalen

---

[111] BAGE 4, 351, 355.
[112] BVerfGE 58, 233, 252.
[113] Wank/Ramrath, NZA 1993, 345, 349.
[114] Wank/Ramrath, NZA 1993, 345, 349; Grunsky, JZ 1977, 473, 474; Dütz, AuR 1976, 65, 67.
[115] Wank, S. 110ff.
[116] Konzen, SAE 1984, 136, 137.
[117] Reichel, RdA 1960, 81; Stahlhacke, DB 1964, 697; Söllner, AuR 1976, 321; Däubler, AuR 1977, 286; Herschel, JuS 1978, 524; Kraft, SAE 1978, 43; Rüthers, ZFA 1982, 237, 246; i.E. zustimmend: Bieback, AuR 1988, 161, 166.
[118] Zu den einzelnen Argumenten, siehe: Giere, (o. Fn. 9), S. 48.

einer Gewerkschaft keine Berücksichtigung.[119] Ferner kommt hinzu, dass das BAG die Einheitlichkeitsrechtsprechung noch vor Entwicklung der sozialen Mächtigkeit vornahm. Der heute existierende Gewerkschaftsbegriff kann sich nur im Wege einer richterlichen Fortentwicklung geändert haben.[120] Eine solche Weiterentwicklung gilt aber nicht zwingend für alle Gesetze. Dies könnte allenfalls dann angenommen werden, wenn sich der spätere oder jetzige Gesetzgeber für eine Änderung des Gewerkschaftsbegriffs auf allen einfachgesetzlichen Regelungen ausgesprochen hätte. Die Begründung des BAG, der Gesetzgeber von 1990 hätte sich in dem oben genannten Staatsvertrag für eine Einheitlichkeit ausgesprochen, vermag nicht zu überzeugen. Denn die die dortige Definition bezieht sich nur auf die Tariffähigkeit einer Gewerkschaft und nicht auch auf die übrigen gewerkschaftlichen Befugnisse.[121] Somit verbleibt nur die Möglichkeit, dass der damalige Gesetzgeber mittels einer dynamischen Verweisung an den jeweiligen im Tarifvertragsrecht gültigen Gewerkschaftsbegriff anknüpfen wollte.[122] Hierfür ist aber nichts ersichtlich. Somit bleibt festzustellen, dass der Gesetzgeber zu keinem Zeitpunkt die Rechtsprechung des BAG zur Einheitlichkeit und Verschärfung des Gewerkschaftsbegriffs ausdrücklich billigte. Schließlich kommt nur noch eine Billigung der Rechtsprechung durch den Gesetzgeber durch Schweigen in Betracht. Diese Rechtspraxis ist nicht nur von obersten Bundesgerichten[123], sondern auch vom BVerfG[124] als legitim angesehen worden. Hierbei ist jedoch besondere Zurückhaltung geboten, da eine gesetzliche Übernahme oft Jahrzehnte überdauern und ein Gesetzesguss aus taktischen Gründen nicht gewollt sein könnte.[125] Eine solche Annahme ist nur gerechtfertigt, wenn der Gesetzgeber vom Problem der Mächtigkeit Kenntnis genommen hätte und Umstände ersichtlich wären, die seine Untätigkeit als Zustimmung erscheinen lassen.[126] Die Kenntnis des Gesetzgebers könnte man durchaus im Zuge des oben erwähnten Staatsvertrags bejahen. Letztlich fehlt es aber dennoch an einem beredten Schweigen der Legislative.[127]

IV. Lehre vom relativen/funktionalen Gewerkschaftsbegriff

So kam es dann auch, dass die zunächst auf Zustimmung[128] treffende Rechtsprechung immer mehr in Kritik geriet. Konsequenz der Rechtsprechung ist nämlich, dass einer nichtmächtigen

---

[119] Buchner, in: FS 50 Jahre BAG, 55, 57.
[120] Wiedemann, Anm. zu BAG AP Nr. 24 zu Art. 9 GG II 1 b.
[121] Wank/Ramrath, NZA 1993, 345, 350.
[122] Wank/Ramrath, NZA 1993, 345, 350.
[123] BGHZ 23, 184, 189 f; BSGE 30, 167, 176; 26, 266, 270 f.
[124] BVerfGE 10, 185, 298; 19, 166, 177; 21, 1, 4f.
[125] Eitel, S. 89.
[126] Vom beredten Schweigen sprechend: Eitel, S. 90.
[127] Zum Ganzen Eitel, S. 91.
[128] Siehe Fn. 118.

und damit tarifunfähigen Koalition sämtliche Gewerkschaftsrechte in anderen Normenkomplexen versagt bleiben. Wenn Tariffähigkeit aber überall verlangt wird, und dadurch neben der Teilnahme an der Tarifpolitik auch alle anderen Mitwirkungsbefugnisse entzogen werden, bleibt den Gewerkschaften kaum noch ein werbewirksamer Tätigkeitsbereich.[129] Ohne diesen ist es schwer möglich, Fuß auf den harten umkämpfen Gewerkschaftsmarkt zu fassen. Eine Koalition verliert letztendendes jede Daseinsberechtigung.

Letztendlich etablierte sich dann die Lehre vom „funktionalen oder auch realen Gewerkschaftsbegriff"[130]. Diese besagt, wie oben schon angedeutet, dass eine Identität des Rechtsbegriffs Gewerkschaft nur dann in Betracht kommt, wenn überhaupt ein vergleichbarer Regelungsbereich vorliegt.[131] Im Folgenden wird jedoch nicht auf jede einzelne Norm[132] eingegangen, sondern vielmehr die Prinzipen bzw. die Kernaufgaben der Gewerkschaft in diesem Bereich herausgearbeitet und dahingehend untersucht, ob sich eine Parallele zur Verbandmacht findet. Die anderen vielfältig vorzufindenden Argumente, die gegen einen einheitlichen Gewerkschaftsbegriff ins Feld geführt werden könnten, werden dabei bewusst unberücksichtigt. Der Fokus wird lediglich auf das Erfordernis der sozialen Mächtigkeit in anderen arbeitsrechtlichen Gesetzen gelegt. So finden sich hierzu nämlich wenig bis keine Begründungen des BAG zur Notwendigkeit der sozialen Mächtigkeit. Dieser referiert lediglich immer wieder über die Entstehungsgeschichte zur Tariffähigkeit und bringt allgemeine Gründe für die Einheitlichkeit vor. Wenn es davon spricht, dass eine einzelfallbezogene Auslegung des Gewerkschaftsbegriffes nicht zur Disposition der Gerichte stehe, ist dem eindeutig zu widersprechen.[133] Denn diese Aussage widerspricht der Rechtspraxis, nach der unbestimmte Rechtsbegriffe gerade von Gerichten ausgelegt werden sollen

1. Die soziale Mächtigkeit im Prozessrecht

Zu den „wesentlichen Servicefunktionen" einer Gewerkschaft gehört es, seinen Mitgliedern Rechtsschutz und Gehör durch die Prozessvertretung vor den Arbeitsgerichten zu bieten.[134] § 11 II Nr. 4 ArbGG ist die Rechtsgrundlage für das arbeitsgerichtliche Auftreten von Gewerkschaften. Gemäß § 11 II 2 ArbGG können sie sich nicht nur von einem Rechtsanwalt vertreten lassen, sondern hierfür auch eigene Vertreter einsetzen. Insoweit handelt es sich um eine

---

[129] Buchner, in: FS 25 Jahre BAG, 55, 70. In diese Richtung auch: Wiedemann, Anm. zu BAG AP Nr. 24 zu Art. 9 GG, II 3 b.
[130] Kraft, SAE 1978, 43, 44; Jülicher, ZfA 1980, 121, 128; Seiter, AöR 109 (1984), 88, 110; Dütz, DB 1996, 2385, 2390; Schleusener, NZA 1999, 408, 411; Franzen, RdA 2001, 1, 7; Rieble, in: FS Wiedemann, 519, 528.
[131] Schleusener, NZA 1999, 408, 409.
[132] Bzgl. der Nomen im BetrVG Müller, S. 118 ff.
[133] Für den Bereich des BetrVG: BAG NZA 2007, 518, 521.
[134] Eitel, S. 181.

Gleichstellung bezüglich der Fachkunde von Rechtsanwälten und Verbandsvertretern. Der Grund für eine Zulassung eines Vertreters neben einem Rechtsanwalt und damit Telos des § 11 II ArbGG war die Bestrebung, im Arbeitsgerichtsverfahren die kostenträchtige Vertretung durch Rechtsanwälte zu erschweren, die Arbeitnehmer und kleinere Unternehmen benachteiligte.[135] Entscheidend kann nach diesem Regelungszweck nur sein, ob der Verbandsvertreter vergleichbar einem Rechtsanwalt in den Bereichen fachkundig ist, die typischerweise vor den Arbeitsgerichten anstehen.[136] Dieser Zweck kann aber nicht dadurch erreicht werden, dass der hinter dem Anwalt stehende Verband hinreichend mächtig ist. Das BAG meint aber, dass nur ein mächtiger Verband aufgrund der Fähigkeit, Tarifverträge abzuschließen, den Fachverstand besitzt und an seine Vertreter weitergeben kann.[137] Nur das sei der Hintergrund der oben erwähnten Gleichstellung.[138] Eine Gleichstellung kann also nur bestehen, wenn der Verbandsvertreter Fachkunde hinsichtlich des jeweiligen Tarifrechts vorweisen kann.[139] Dies macht jedoch ersichtlich keinen Sinn, da man so den nicht an Tarifverhandlungen beteiligten Rechtsanwälten den diesbezüglichen Sachverstand ebenfalls absprechen müsste.[140] Vielmehr ist davon auszugehen, dass die Postulationsfähigkeit an den Sachverstand in allgemeinen arbeitsrechtlichen Fragen anknüpft.[141] Schließlich kann auch ein kleinerer oder schwächerer Verband in der Lage sein, geeignete Prozessvertreter zu stellen.[142] Die Mächtigkeit kann allenfalls ein Indiz für die Sachkunde eines Vertreters sein.[143] Entscheidend ist die überzeugende Argumentation und nicht die für Fähigkeit des hinter dem Prozessvertreter stehenden Verbands zur Ausübung von Druck und Gegendruck.[144] Überdies kann auch einer durch Schlüsselstellpositionen einzelner Arbeitnehmer zur Mächtigkeit kommenden Gewerkschaft daraus rückschließend keine Sachkunde zur kompetenten Aufgabenwahrnehmung beigemessen werden. Dies gilt ebenso für den Schluss vom aktiven Tarifverhalten zur Aufgabenwahrnehmung.[145]

---

[135] Wank/Ramrath, NZA 1993, 345, 350.
[136] Wank/Ramrath, NZA 1993, 345, 350.
[137] BAGE 51, 163, 165.
[138] BAGE 51, 163, 165.
[139] BAGE 51, 163, 165.
[140] Schleusener NZA 1999, 408, 409.
[141] Schleusener, NZA 1999, 408, 409, Eitel, S. 183; auf jeglichen Sachverstand verzichtend: Wank/Ramrath, NZA 1993, 345, 350
[142] Grunsky, JZ 1977, 473, 474; Eitel, S. 183.
[143] Eitel, S. 183.
[144] Wahl, S. 105.
[145] Im Rahmen des BetrVG argumentierend: Schmidt, Anm. zu BAG AP Nr. 5 zu § 2 BetrVG 1972 II 5a; Söllner, AuR 1976, 321, 325.

Was die Prozessvertretungsbefugnis von Koalitionen innerhalb der Sozialgerichtsbarkeit betrifft, gelten die oben genannten Ausführungen entsprechend. Denn auch hier ist die Zielsetzung der Vorschrift die Sicherstellung einer angemessenen und sachkundigen Vertretung.[146]

2. Die soziale Mächtigkeit im Betriebsverfassungsrecht

Dass der Gewerkschaftsbegriff im Betriebsverfassungsrecht kein anderer als im Tarifvertragsrecht ist, hat das BAG erst jüngst wieder zum Ausdruck gebracht.[147] Stellt man auf das das gesamte Betriebsverfassungsrecht durchziehende Prinzip der vertrauensvollen Zusammenarbeit ab, das in § 2 I BetrVG seinen Niederschlag gefunden hat, scheint das Erfordernis der gegenseitigen Druckausübung nicht damit vereinbar. Dem Wortlaut zufolge richtet sich die Vorschrift augenscheinlich nicht an die Gewerkschaften. Um dieses Prinzip im Interesse der Arbeitnehmerschaft sinnvoll realisieren zu können, können Arbeitgeber und Betriebsrat die Gewerkschaften heranziehen.[148] Zu diesem Zweck haben sie ihre Aktivitäten darauf zu beschränken, die Betriebspartner zu fördern.[149] Daraus folgert die ganz herrschende Meinung, dass das Prinzip der vertrauensvollen Zusammenarbeit auch für die Gewerkschaften gilt.[150] Dies gilt unbeschadet des Grundsatzes der strikten Aufgabentrennung von Betriebsrat und Gewerkschaften.[151] Ferner ergeben sich Bedenken aus § 74 I 2 BetrVG, der die Grundregel des § 2 I BetrVG präzisiert. Danach ist mit dem ernsten Willen zur Einigung zu verhandeln, während das Wohl der Arbeitnehmer und des Betriebs gleichermaßen zu berücksichtigen ist.[152] Somit fußt die Betriebsverfassung also auf Kooperation der Beteiligten.[153] Dem Tarifvertragsrecht, das laut herrschender Meinung den Ursprung der sozialen Mächtigkeit darstellt, ist ein Kooperationsgebot aber nicht typischerweise immanent. So findet sich dort ein Klima des harten Verhandelns, das von einer latenten Konfliktgefahr durchzogen ist.[154] Um sich in einer derartigen Situation zu behaupten, scheint eine gewisse Mächtigkeit nicht abwegig zu sein. Hierin liegt aber ein „wesentlicher Strukturunterschied" zum Betriebsverfassungsrecht, das den Ausgleich von Interessen anstrebt.[155] Auch die Präzisierungsregel des § 74 II BetrVG unterstützt dieses Ergebnis, wonach keine Maßnahmen ergrif-

---

[146] Eitel, S. 184 m.w.N.
[147] BAG AP Nr. 5 zu § 2 BetrVG 1972; BAGE 23, 320, 324.
[148] Müller, S. 118.
[149] Müller, S. 118.
[150] BAG 19, 236, 242 f.; BAG NJW 1988, 552, 555; Fitting, § 2 Rn. 18, 47; Richardi, in: Richardi, § 2 Rn. 11; Koch, in: ErfK, § 2 BetrVG Rn. 1.
[151] Richardi, in: Richardi, § 2 Rn. 37.
[152] Fitting, § 2 Rn. 56; Richardi, in: Richardi, § 2 Rn. 15.
[153] Müller, S. 119.
[154] Müller, S. 120.
[155] Müller, S. 119 f.

fen werden dürfen, die die Gegenseite unter Druck setzt und so zum Nachgeben zwingt.[156] Zwar gilt diese Vorschrift dem Wortlaut nach wiederum nicht für Gewerkschaften, sie sollte es aber, soweit diese betriebsverfassungsrechtliche Aufgaben wahrnehmen.[157] Ein enges Zusammenspiel von § 74 II und § 2 I BetrVG zeigt, dass eine absolute Friedenspflicht nur gewährleistet ist, wenn alle Beteiligten vertrauensvoll zusammenarbeiten.[158] Festzustellen ist, dass die Prinzipien der Betriebsverfassung mit der Forderung nach Verbandsmacht einer Gewerkschaft nicht vereinbar sind.

Eine etwas andere Beurteilung könnten lediglich die Rechte der Gewerkschaften erfahren, die auch anderen Organen der Betriebsverfassung zur Verfügung stehen. Exemplarisch sei hier § 14 III BetrVG zu nennen, der Gewerkschaften die Befugnis einräumt, Wahlvorschläge zu machen. § 14 IV BetrVG verleiht auch den Arbeitnehmern dieses Recht. Dieses ist jedoch an ein Unterschriftenquorum gebunden, mit dem eine gewisse Mindestanzahl an Arbeitnehmern verbunden ist. Daraus kann gefolgert werden, dass auch auf Seiten der Gewerkschaft zumindest eine dem Unterschriftenquorum gleichwertige Anzahl an Mitgliedern notwendig ist, was jedoch eine leicht zu nehmende „Hürde" ist. Wenn es um beratende Aufgaben im BetrVG geht, können diese im Einzelfall zwar tarifpolitische Gegenstände haben, dies ist aber nicht die Regel.

Letztendlich zeigt auch ein Blick auf Entscheidungen des BAG, dass das Erfordernis der sozialen Mächtigkeit im Betriebsverfassungsrecht fehl am Platz ist. So sprach es davon, dass „die den Gewerkschaften durch das Betriebsverfassungsrecht zugewiesenen Rechte nicht dem Abschluss von Tarifverträgen dienen"[159], und dass die „Tariffähigkeit allein der Gewährleistung eines funktionierenden Tarifvertragssystems"[160] dient. Genau aus diesem Grund besteht aber das Bedürfnis nach sozialer Mächtigkeit, das aber gerade nicht für Gewerkschaftsrechte in der Betriebsverfassung gilt.[161] Ferner hat es betont, dass es zur Aufgabenwahrnehmung im BetrVG nicht stets davon abhängen muss, dass ein Verband sozialen Druck auf den Arbeitgeber ausübt. Im Einzelfall sind auch geringere Anforderungen möglich.[162] Wenn es wieder davon spricht, dass es für die Aufgabenwahrnehmung Sachkunde bedarf, die nur bei tariffähigen Verbänden vorhanden ist,[163] sei auf die oben genannten Argumente zur sozialen Mächtigkeit

---

[156] Müller, S. 120; Ramrath, SAE 2006, 111, 112.
[157] Müller, S. 120.
[158] Müller, S. 121.
[159] BAG AP Nr. 7 zu § 17 BetrVG 1972.
[160] BAG AP BetrVG § 2 Nr. 5 Rn. 29.
[161] Zustimmend Schmidt, Anm. zu BAG AP Nr. 5 zu § 2 BetrVG 1972 II 3.
[162] BAG AP Nr. 5 zu § 2 BetrVG Rn. 47.
[163] BAG AP Nr. 5 zu § 2 BetrVG Rn. 46.

im Prozessrecht verwiesen. Sofern ersichtlich, verlangt das Gesetz als Grundvoraussetzung für die Inanspruchnahme von Rechten, dass die Gewerkschaft im Betrieb vertreten ist.

3. Die soziale Mächtigkeit im Personalvertretungsrecht

Beim Personalvertretungsrecht handelt es sich um das Betriebsverfassungsrecht auf Beamtenebene. Insofern gelten bis auf die arbeitskampfbezogenen Ausführungen die gleichen oben erwähnten Prinzipien und Argumente gegen die Notwendigkeit der sozialen Mächtigkeit. So findet sich ein auch identischer § 2 I BetrVG in § 2 I BPersVG. Auch finden sich Passagen, die denen der Unterschriftenquoren im BetrVG gleichstehen. Pendant zum obigen Beispiel des § 14 IV BetrVG ist § 19 IV BPersVG. Ein wesentlicher Unterschied zum BetrVG besteht aber darin, dass die Arbeitsbedingungen der Beschäftigten im BPersVG durch Gesetz oder aufgrund eines Gesetzes geregelt werden.[164] Eine soziale Mächtigkeit mit der Begründung annehmend, dass die Arbeitnehmer im Bereich des öffentlichen Dienstes in einem intensiven Abhängigkeitsverhältnis stehen[165], überzeugt nicht. So kann der Dienstherr gerade keinen Einfluss auf die staatlich festgelegten Arbeitsbedingungen nehmen. Vielmehr sehen sich die Arbeitnehmer in der freien Wirtschaft einem einschneidenden Subordinationsverhältnis gegenüber. Doch auch zur Wahrung derer Interessen ist aus den oben genannten Gründen keine soziale Mächtigkeit notwendig.

4. Die soziale Mächtigkeit im Mitbestimmungsrecht

Soweit ersichtlich, hat sich das BAG hierzu in keiner Entscheidung geäußert. Wesentlich für die Gewerkschaften i.R.d. Mitbestimmungsgesetzes ist die Wahl in den Aufsichtsrat. Der Gewerkschaft als überbetriebliche Interessensvertretung kommt dabei die Aufgabe zu, die Berücksichtigung der Arbeitnehmerinteressen bei der Unternehmensführung sicher zu stellen.[166] Inwiefern hierfür eine soziale Mächtigkeit des Verbands der in dem Aufsichtsrat vertretenen Gewerkschaftsvertreter notwendig ist, scheint fragwürdig.[167] Für die Aufgaben im Aufsichtsrat stehen sich nicht Arbeitgeber und Gewerkschaften, sondern Gewerkschaft und Arbeitnehmer gegenüber. Hierfür das für das „Tarifvertragssystem kennzeichnende Spannungsverhältnis der Interessen"[168] zu verlangen, darf im Aufsichtsratsamt gerade keinen Ausdruck finden. Die Arbeit im Aufsichtsrat ist durch die Einigung und das vertrauensvolle Zusammenwirken

---

[164] BVerwGE NZA 2006, 1371, 1372.
[165] Bieback, AuR 1988,161,166.
[166] Isenhardt, S. 67.
[167] Schon Müller im Jahre 1975, DB 1975, 253, 258.
[168] Müller, DB 1975, 253, 258.

der Parteien gekennzeichnet.[169] Dort auftretende widerstreitende Interessen haben sich am Wohle des Unternehmens zu orientieren, und nicht wie im Tarifvertragsrecht am Wohle der Mitglieder.[170] Die soziale Mächtigkeit eines Verbands ist bereits hinreichend durch die Wahl ihrer Kandidaten bewiesen.[171]

Das gefundene Ergebnis wird letztlich auch durch eine Entscheidung vom BVerfG gestützt. Zu § 12 I 2 MitbestG a. F. führte es aus, dass ein Unterschriftenquorum nur dann gerechtfertigt ist, wenn dadurch der Kreis der Bewerber ernsthaft beschränkt werden soll mit der Folge, dass so eine Stimmenzersplitterung vermieden wird. Keine taugliche Rechtfertigung sei hingegen die Überlegung, die Arbeitnehmerseite solle möglichst nur von einer Gewerkschaft repräsentiert werden, um ein Gegengewicht zur geschlossenen Arbeitgeberseite zu erzeugen.[172] Der Paritätsgrundsatz und damit auch die Begründung für die soziale Mächtigkeit findet damit gerade keine Anwendung im BetrVG.

5. Zwischenergebnis

Aus dieser teleologischen Analyse geht eines ganz klar hervor. Der Rechtsprechung geht es darum, die Arbeitnehmer vor sachunkundigen Koalitionen zu schützen.[173] Diese aber mit der sozialen Mächtigkeit sicherstellen zu wollen, ist aufgrund eines unausgewogenen Verhältnisses zwischen den im Verhältnis zur Tarifautonomie schwächeren Sekundärrechten und die zur Ausübung notwendigen hohen Voraussetzungen verfehlt. Ferner kann der dahinter stehende Verband durch die verschiedensten Arten Tariffähigkeit erlangen, die zu variabel sind, als dass eine verlässliche Aussagekraft über dessen Fachverstand abgeleitet werden kann. Will das BAG dieses durchaus berechtigte Vorhaben realisieren, bedarf es einer anderen Vorgehensweise.[174] Das Kriterium in seiner Form der gegenseitigen Druckausübung ist außerhalb des Tarifvertragsrechts nicht erforderlich. Deswegen ist auch eine Abkehr vom Erfordernis der sozialen Mächtigkeit in anderen arbeitsrechtlichen Gesetzen wünschenswert. Ob dies auch für die übrigen Merkmale der Tariffähigkeit gilt, sei dahingestellt. Der Rechtsprechung, wenn auch nicht dem BAG, ist eine differenzierte Betrachtungsweise auch nicht gänzlich fremd. Dies belegt, dass eine „funktionsspezifische Betrachtung des Gewerkschaftsbegriffs im Vor-

---

[169] BVerfGE 50, 290, 371.
[170] Isenhardt, S. 67.
[171] Brox, SAE 1986, 232, 234; Konzen SAE 1984, 136, 137.
[172] BVerfGE 111, 289.
[173] I.E. zustimmend für den Bereich des BVerfG Friese, S. 109.
[174] Die notwendige Sachkunde lediglich am Merkmal des Vertretensein ableitet ist zu kurz gegriffen: Konzen SAE 1984, 136, 137.

marsch ist."[175] Welche Konsequenzen die ständige Rechtsprechung des BAG hat, die zugleich die Kritik an derselben ist, soll im nächsten Abschnitt aufgezeigt werden.

V. Verfassungsrechtliche Kritik an der Rechtsprechung

Uneingeschränkt wird im mächtigkeitsnegierenden Schrifttum behauptet, dass das die Tariffähigkeit verschärfende Kriterium ein nicht zu rechtfertigender Eingriff in die Koalitionsfreiheit sei. Hierzu finden sich, vor allem im Hinblick auf die Sekundärrechte, fast ausnahmslos pauschale Behauptungen. Ob ein Eingriff vorliegt und wie dieser eventuell zu rechtfertigen ist, ist Gegenstand des nächsten Kapitels. Abschließend werden weitere die Verfassung betreffende Bedenken geäußert.

1. Schutzbereich von Art. 9 III GG

Zu Beginn wird zum näheren Verständnis kurz der Schutzbereich der Koalitionsfreiheit erläutert.

a) Persönlicher Schutzbereich

Entgegen dem Wortlaut („jedermann") beinhaltet die Koalitionsfreiheit als Doppelgrundrecht neben dem Individual- auch ein Kollektivgrundrecht, da nur so der Bedeutung der Koalitionen Rechnung getragen werden kann.[176] Dies hat auch das BVerfG unter Hinweis auf den Zweck der Wahrung und Förderung der Arbeits- und Wirtschaftsbedingungen bestätigt.[177] Damit können sich auch nichtmächtige Koalitionen auf den persönlichen Schutzbereich berufen.

b) Sachlicher Schutzbereich

Der Wortlaut des Art. 9 III GG eröffnet einem die Möglichkeit zur Koalitionsbildung. Vergleicht man dies jedoch mit Art. 9 I GG, so ergibt sich augenscheinlich kein Unterschied, da auch hier schon die Vereinigungsfreiheit geschützt wird.[178] Deswegen kann auch i.R.d. sachlichen Schutzbereichs wieder aus dem besonderen Zweck der Vereinigung geschlossen wer-

---

[175] Geerds, S. 189.
[176] BVerfGE 50, 290, 367; BAGE 20, 175, 210. Jarass, in: Jarass/Pieroth, Art. 9 Rn. 31; Klein, in: Hofmann/Hopfauf, Art. 9 Rn. 12; Bauer, in: Dreier, Art. 9 Rn. 82; Löwer, in: Kunig, Art. 9 Rn. 57.
[177] BVerfGE 84, 212, 224.
[178] Giere, S. 73.

den, dass auch die koalitionsspezifische Betätigung vom Schutz erfasst sein soll.[179] Ansonsten wäre die Garantie der Koalitionsbildung sinnlos.[180]

Ungewiss war lange Zeit, welche Tätigkeiten von Art. 9 III GG geschützt werden. Zurückzuführen war dies auf die Kernbereichsrechtsprechung[181] des BVerfG, das teilweise nach der Unerlässlichkeitsformel[182], teilweise nach der Abwägungsformel[183] verfuhr. Zwischenzeitlich hat sich das BVerfG von der Unerlässlichkeitsformel verabschiedet und sieht nun alle koalitionsspezifischen Verhaltensweisen vom Schutzbereich erfasst.

Eine das Wesen der koalitionsspezifischen Tätigkeit ausmachende Verhaltensweise ist die Tarifvertragsfreiheit, d.h. die Freiheit, grundsätzlich ohne staatliche Einflussnahme Tarifverträge schließen zu können.[184] Daneben bestehen aber noch die Sekundärrechte, die ebenfalls vom Schutzbereich umfasst sind. Etwas anderes gilt hingegen für die Befugnis, die Gewerkschaft vor Gericht vertreten zu können. Zwar handelt es sich dabei für das einzelne Gewerkschaftsmitglied um ein wichtiges Instrumentarium. Dadurch wird aber nur auf die Arbeitsbedingungen eines Individuums, und nicht wie von Art. 9 III GG gefordert, auf das kollektive Interesse Einfluss genommen.[185] Deswegen handelt es sich dabei um ein lediglich an Art. 2 I GG zu messendes Recht.

2. Abgrenzung von Eingriff und Ausgestaltung

Fraglich ist, ob jeweils in den Schutzbereich eingegriffen oder dieser lediglich ausgestaltet wird. Eine Ausgestaltung ist dadurch gekennzeichnet, dass sie den Rahmen für Freiheiten erst schafft.[186] Ein Eingriff verkürzt diesen wieder. Wenn die Rechtsprechung wie n hier mit der Ausgestaltung einen öffentlichen Zweck verfolgt, ist sie lediglich an den Verhältnismäßigkeitsgrundsatz gebunden.[187] Bei einem Eingriff hingegen orientieren sich die Rechtfertigungsanforderungen am jeweiligen Grundrecht bzw. dessen Einschränkbarkeit.

Zurückzuführen ist die hier vorzunehmende Abgrenzung aufgrund der Tarifvertragsfreiheit, der Tarifautonomie. Ziel der Rechtsprechung ist es nämlich, diese durch ein funktionsfähiges System sicherzustellen. Während das BVerfG früher von einer Pflicht zur Bereitstellung eines Tarifvertragssystems ausgegangen ist,[188] sieht es heute darin eine Befugnis zur Ausgestaltung

---

[179] BVerfGE 84, 212, 224.
[180] BVerfGE 4, 96, 106; 38, 386, 393.
[181] BVerfGE 38, 281, 305.
[182] BVerfGE 38, 281, 305.
[183] BVerfGE 50, 290, 368.
[184] Kemper, in: Starck, Art. 9 Abs. 3 Rn. 124.
[185] Zöllner, AöR 98 (1973), 71, 87; Eitel, S. 181; Greiner, S. 254.
[186] Pieroth/Schlink, Rn. 225.
[187] Jarass, in: Jarass/Pieroth, Art. 9 Rn. 47; ders. Vorb. vor Art. 1 Rn.35; Löwer, in: Kunig, Art. 9 Rn. 58.
[188] BVerfGE 4, 96, 106.

der Koalitionsfreiheit und der Tarifautonomie[189] Somit stellt das Tarifvertragsrecht als einfach-rechtlicher Normenkomplex als Ausfluss der Ausgestaltungsbefugnis des Gesetzgebers das die Tarifautonomie zu schützende System dar. Deswegen ist das Erfordernis der sozialen Mächtigkeit auch hier als zulässige Ausgestaltung der Tariffähigkeit i.r.d. Tarifrechts und nicht als Eingriff zu bewerten.[190] Fraglich ist in diesem Kontext dann, ob die Rechtsprechung durch den einheitlichen Gewerkschaftsbegriff ebenfalls nur ausgestaltend tätig wird oder aber in die Koalitionsfreiheit eingreift. Das BAG meinte hierzu i.R.d. BetrVG, dass die dortigen Gewerkschaftskompetenzen derart eng mit dem Tarifvertragssystem zusammenhängen, dass in der durch die erforderliche Tariffähigkeit vorgenommenen Selektion eine zulässige Ausgestaltung liege.[191] Dem ist jedoch nicht zuzustimmen, ist doch das Merkmal der sozialen Mächtigkeit in allen anderen arbeitsrechtlichen Gesetzen fehl am Platz. Damit besteht auch kein Zusammenhang mehr mit der Tariffähigkeit. Somit gestaltet die Rechtsprechung mit dem einheitlichen Gewerkschaftsbegriff nicht mehr aus, sondern greift ein. Inwieweit, folgt nun.

3. Eingriff in die kollektive Koalitionsfreiheit

Hier muss zwischen einem Eingriff in die Koalitionsbetätigungs- und Koalitionsbildungsfreiheit unterschieden werden.

a) Eingriff in die Koalitionsbildungsfreiheit

In der Literatur wird immer wieder vorgebracht, dass durch das Mächtigkeitserfordernis Neugründungen von Koalitionen erschwert werden, da gerade die einer nichtmächtigen Arbeitnehmervereinigung abgesprochene Tariffähigkeit das Motiv für den Eintritt in eine solche sei.[192] Aufgrund dessen sei die Koalitionsbildungsfreiheit verletzt.[193] Auf der Gegenseite wird hingegen behauptet, dass jedem Einzelnen der Eintritt in eine Vereinigung nach wie vor offen steht und durch eben diesen zu einer entsprechenden Verbandsmacht beitragen kann.[194] Ausgehend von dem klassischen Eingriffsbegriff[195] scheidet eine Verletzung des Schutzbereichs aus, da die Beeinträchtigung nur mittelbar auf der Versagung der Tariffähigkeit und im Einklang mit der Rechtsprechung auf einem freiwilligen Entschluss Dritter beruht.[196] Ferner weist die damit einhergehende fehlende Attraktivität für potentielle Neumitglieder aufgrund

[189] BVerfGE 50, 290, 368; 58, 233, 248; 84, 212, 228.
[190] A.A: Giere, S. 94 ff.
[191] BAGE 119, 279, 281.
[192] Grunsky, JZ 1977, 473, 474; Reichel, RdA 1972, 143, 149.
[193] Zöllner, SAE 1969, 140; Stahlhacke, DB 1964, 697; Mayer-Maly, RdA 1979, 356, 358.
[194] BVerfGE 58, 233, 250; BAGE 21, 98, 103. ok
[195] Pieroth/Schlink, Rn. 251.
[196] Giere, S. 77.

mangelnder Gefahr für den Bestand einer Koalition keine Rechtsaktqualität auf.[197] Jedoch ist der klassische Eingriffsbegriff nicht zwingend. Nach heute herrschender Meinung genügt auch jedes staatliche Handeln, das dem Einzelnen ein Verhalten, das in den Schutzbereich eines Grundrechts fällt, unmöglich macht, gleichgültig ob diese Wirkung final oder unbeabsichtigt, unmittelbar oder mittelbar, rechtlich oder tatsächlich, mit oder ohne Befehl und Zwang erfolgt.[198] Wie oben schon erwähnt, liegt mittelbares, tatsächliches staatliches Handeln vor, dessen Wirkung hier als unbeabsichtigt angenommen wird. Spricht man einer Koalition die Tariffähigkeit ab, wäre diese an sich verhindert, Mitglieder zu werben. Denn Werbemittelpunkt ist neben der Fähigkeit zum Abschluss von Tarifverträgen und das Anerbieten von Rechtsschutz das Auftreten im Betrieb, wofür aber kein Recht besteht, wenn es an der Tariffähigkeit fehlt. Wider dem einheitlichen Gewerkschaftsbegriff führte das BAG aber aus, soweit es um Werberechte im Betrieb geht, seien den nicht tariffähigen Arbeitnehmervereinigungen grundsätzlich dieselben Rechte wie Gewerkschaften zuzugestehen.[199] Diese widersprüchliche Rechtsprechung ist aber äußerst begrüßenswert, da nur so kleine Gewerkschaften die Möglichkeit erhalten, effektiv um Mitglieder zu werben und letztlich die Tariffähigkeit mit dem damit einhergehenden Gewerkschaftsstatus zu erreichen.[200] Aufgrund dessen liegt kein Eingriff in die Koalitionsbildungsfreiheit vor.

b) Eingriff in die Koalitionsbetätigungsfreiheit

Ferner könnte in der Verkürzung der Sekundärrechte ein Eingriff in die Koalitionsbetätigungsfreiheit der Vereinigungen liegen.

Spricht man einer Koalition die Tariffähigkeit ab, versagt man ihr aufgrund des einheitlichen Gewerkschaftsbegriffs sämtliche Ausübungsrechte. Zwar ist die Tariffähigkeit gerade keine Voraussetzung einer Koalition, nichtsdestotrotz bleiben ihr die außerhalb von Art. 9 III GG bestehenden Betätigungsmöglichkeiten verwehrt. Sie haben keine Möglichkeit, auf das Wirtschaftsgeschehen Einfluss zu nehmen. Ein Eingriff in die Koalitionsbetätigungsfreiheit liegt damit vor.

4. Verfassungsrechtliche Rechtfertigung

Hier muss unterschieden werden zwischen der unter die Ausgestaltung fallenden Mächtigkeit im TVG und der als Eingriff zu qualifizierenden Verkürzung der Sekundärrechte.

---

[197] Giere, S. 77.
[198] Pieroth/Schlink, Rn. 253.
[199] BAG NJW 2007, 1018, 1022.
[200] Insofern müssen die Ausführungen zu B. III. 3. relativiert werden.

a) Die Mächtigkeit im Tarifvertragsrecht

Wie oben festgestellt, bedarf es für die Rechtfertigung der Verbandmacht im Tarifvertrags-recht als zulässige Ausgestaltung lediglich des Schutzes irgendeines Rechtsgutes. Dieses ist hier in der Tarifautonomie zu sehen. Zur Sicherung dieser, vor allem im Sinne der Schutz-funktion, ist die soziale Mächtigkeit ein legitimer Zweck. Im Rahmen der Geeignetheit kommt der Rechtsprechung immer eine Einschätzungsprärogative zu, die diese nicht evident verletzt hat. Bezüglich der Erforderlichkeit der Mächtigkeit wird das unten gefundene Ergeb-nis[201] vorweggenommen, da derzeit kein gleich geeignetes, milderes Mittel zum Schutze der Tarifautonomie vorhanden ist. Schließlich überwiegt auch das Interesse an einem funktions-fähigen Tarifvertragssystem das Interesse der Koalitionsfreiheit, weswegen die Angemessen-heit bejaht werden kann. Dies sah auch das BVerfG bereits im Jahre 1981 so, als es die Ver-bandsmacht als verfassungskonform erachtete.[202] Zur Zeit des Urteils waren die Kriterien noch sehr restriktiv gefasst. Die zwischenzeitlich liberalere Rechtsprechung verleiht dieser Entscheidung richtigkeitsgewährenden Nachdruck.

b) Die Mächtigkeit in anderen arbeitsrechtlichen Gesetzen

Vorab muss geklärt werden, ob bzw. wie weit die Koalitionsfreiheit Einschränkungen unter-worfen ist. Auch hier muss zwischen der Koalitionsbildungs- und der Koalitionsbetätigungs-freiheit unterschieden werden. Während erstere ausweislich des Wortlauts von Art. 9 III GG vorbehaltlos gewährleistet wird und Grenzen lediglich durch verfassungsimmanente Schran-ken gezogen werden können, ist dies bei letzterer nicht eindeutig und daher umstritten.[203] Eine einheitliche vorbehaltlose Gewährleistung unterliegt einigen Zweifeln, die im Einzelnen aber nicht aufgeführt werden müssen.[204] So soll lediglich das Ergebnis präsentiert werden, dass sich aus einer Zusammenschau der dazu vertretenen Auffassungen[205] ergibt. „Je näher die Koalitionsbetätigung im Zusammenhang mit der Koalitionsbildung steht, desto schwer-wiegender müssen die Gründe sein, die den gesetzlichen Eingriff rechtfertigen.“[206] Doch auch die Bestimmung des Prüfungsumfanges kann dahinstehen. So kann die Funktionsfähigkeit der Tarifautonomie als einzig in Betracht kommendes Verfassungsgut, unabhängig davon, wel-chen Funktionen Verfassungscharakter zukommen, keine rechtfertigende Wirkung haben.

---

[201] Dazu VI.
[202] BVerfGE 58, 233, 249.
[203] Für eine Vorbehaltlosigkeit unter Hinweis auf die Einheitlichkeit des Grundrechts: Bauer, in: Dreier, Art. 9 Rn. 93; Höfling, in: Sachs, Art. 9 Rn. 128; dagegen bzw. differenzierter: Eitel, S. 97; Konzen, SAE 1991, 335, 338; Seiter, AöR 109 (1984), 88, 99.
[204] Hierzu ausführlich Giere, S. 98.
[205] Giere, S. 99 m.w.N.
[206] Giere, S. 100.

Dies ergibt sich aus demselben Grund, weshalb keine Ausgestaltungsbefugnis hinsichtlich der Sekundärrechte angenommen wurde.

5. Verstoß gegen die individuelle Koalitionsfreiheit

Liegt eine Verletzung der kollektiven Koalitionsfreiheit vor, soll dies nach einer Meinung stets auch eine Verletzung der individuellen Koalitionsfreiheit nach sich ziehen.[207] Die Gegenmeinung setzt hierfür eine Betätigungsbehinderung des Individuums voraus.[208] Erster Ansicht ist jedoch zuzustimmen, da Art. 9 III GG ebenso die Freiheit des Verbandsmitglieds, sich selbst für die Koalition zu betätigen, schützt.[209] Kann schon der Verband sein Grundrecht nicht ausüben, schlägt dies auf das Individuum aus. Insofern liegt auch hier ein Verstoß gegen Art. 9 III GG vor, wenn es um die Versagung der Sekundärrechte geht. Hinsichtlich der Versagung der individuellen Teilnahme an der Tarifautonomie liegt dagegen kein Verstoß vor.

6. Verstoß gegen den Bestimmtheitsgrundsatz

Das aus dem Rechtsstaatsprinzip kommende Bestimmtheitsgebot ist verletzt, wenn die Bürger nicht mehr feststellen können, ob die tatsächlichen Voraussetzungen für die in der Rechtsnorm ausgesprochene Rechtsfolge vorliegen.[210] Hinsichtlich der Mächtigkeit können sowohl bezüglich jedes seiner Kriterien als auch hinsichtlich deren Einfluss auf die Gesamtgewichtung Unbestimmtheit vorliegen.

Letzteres kann seit der Rechtsprechung im Jahr 2006 als gesichert gelten, da dem Tarifverhalten in der Vergangenheit Priorität beigemessen wird. Auch die Bestimmung des aktiven Tarifverhaltens erfährt durch gefestigte Ausschlusskriterien Sicherheit dahingehend, wann ein Tarifvertrag dazu geeignet ist, Mächtigkeit zu demonstrieren. Dieses erfuhr durch den GKH-Beschluss sogar noch eine Präzisierung. Lediglich hinsichtlich der Anschlusstarifverträge ist das BAG von seiner bis dahin einheitlichen Rechtsprechung abgewichen. Einmalige Rechtsprechungsänderungen vermögen jedoch noch keine Rechtsunsicherheit hervorzurufen.[211] Damit kann zugleich festgestellt werden, dass in Anbetracht etablierter Gewerkschaften und solchen, die bereits Abschlüsse getätigt haben, bei denen es primär um deren Tarifverhalten geht, Rechtssicherheit besteht. Somit steht lediglich eine Verletzung des Art. 20 III GG in Bezug auf abschlusslose Koalitionen im Raum, die dann die übrigen Merkmale bzw. einen hinreichenden Organisationsgrad, der auf alle anderen Merkmale übergreifend wirkt, erfüllen

---

[207] Kemper, in: Starck, Art. 9 Abs. 3 Rn. 223; Bruhn, S. 84.
[208] Löwisch/Rieble, in: Münchener Hdb. zum Arbeitsrecht, § 156 Rn. 15.
[209] Bruhn, S. 84.
[210] BVerfGE 37, 132, 142.
[211] Papier/Möller, AöR 122 (1997), 177, 193.

müssen. Hierbei kann jedoch auf die sehr detaillierten Ausführungen von Giere[212] verwiesen werden, die sich im Jahre 2005 damit beschäftigte. Diese überprüfte akribisch die Rechtsprechung der letzten Jahre hinsichtlich des Organisationsgrades und konnte mitnichten eine einheitliche Linie entdecken.

Damit kann konstatiert werden, dass sich das Mächtigkeitskriterium lediglich hinsichtlich „tariffauler" Koalitionen einen Verstoß gegen Art. 20 III GG vorwerfen lassen muss.

7. Verstoß gegen den Gleichheitsgrundsatz

Ein Verstoß gegen Art. 3 I GG setzt nach der allgemeinen Formel stets voraus, dass wesentlich Gleiches ungleich und wesentlich Ungleiches gleich behandelt wird.[213] Arbeitnehmerkoalitionen sind auch grundrechtsberechtigt, da unter Art. 19 III GG alle Personenmehrheiten fallen die Zuordnungsobjekt von Rechtsnormen sein können.[214] Vergleichbare Personengruppen finden sich bei allen der drei vorgenommen Prüfungen einer möglichen Ungleichbehandlung.[215]

a) Ungleichbehandlung gegenüber mächtigen Arbeitnehmerkoalitionen

Es kommt hier eine Ungleichbehandlung zwischen mächtigen und nichtmächtigen Arbeitnehmerkoalitionen in Betracht. Ein die Ungleichbehandlung rechtfertigender sachlicher Grund[216] für die Ungleichbehandlung ist nur in Bezug auf die Mächtigkeit im TVG gegeben. Die Sekundärrechte betreffend liegt ein solcher nicht vor, weshalb ein Verstoß gegen Art. 3 I GG gegeben ist. Bezüglich der prozessvertretungsrechtlichen Befugnisse käme allenfalls der sachliche Grund der Verbandsmacht als Indiz für die Sachkunde in Frage. Dieser ist aber, wie oben festgestellt, kein taugliches Differenzierungskriterium.[217]

b) Ungleichbehandlung gegenüber nichtmächtigen Gegenspieler

Aufgrund des Grundsatzes der Verhandlungsparität muss auch die Arbeitgeberseite eine soziale Mächtigkeit aufweisen.[218] Dies wird jedoch von der herrschenden Meinung mit dem durchaus sachlichen Grund abgelehnt, dass der Wortlaut des § 2 I TVG dem entgegensteht

---

[212] Giere, S. 65 ff.
[213] BVerfGE 49, 148, 165; 86, 81, 87; 98, 365, 3685.
[214] Pieroth/Schlink, Rn. 157 ff.
[215] Diese sind erforderlich, um die Wesentlichkeit einer Beeinträchtigung sicherzustellen: Pieroth/Schlink Rn. 463
[216] Pieroth/Schlink Rn. 471 f..
[217] Zustimmend Eitel, S. 180 ff.
[218] Giere, S. 169.

und es der Sicherstellung der Existenz eines Tarifpartners bedarf.[219] Art. 3 I GG ist somit nicht verletzt, weil der Arbeitnehmervereinigung einseitig eine Belastung auferlegt wurde. Vielmehr könnte gegen den Gleichheitsgrundsatz deswegen verstoßen worden sein, weil die Arbeitgeberseite ungerechtfertigt von einer Belastung ausgenommen wird.[220] Eine Ungleichbehandlung kann hier nur vorliegen, wenn die Rechtsprechung den nichtmächtigen Koalitionen diese Begünstigung vorenthalten hat.[221] Erweitert werden solche Begünstigungen aber nur bei Vorliegen eines Verfassungsauftrags oder solche Begünstigungen vorsehenden Verfassungsbestimmungen.[222] Derartiges ist jedoch nicht existent. Ein Verstoß gegen Art. 3 I GG scheidet damit aus.

c) Ungleichbehandlung „junger" gegenüber etablierter Koalitionen

Unterstellt man die Richtigkeit der oben durchgeführten Interpretation des GKH-Beschlusses, könnte die Differenzierung zwischen „jungen" Organisationen und etablierten Gewerkschaften jüngere ungleich benachteiligen.

Als sachlicher Grund kann zwar nicht eine altersbedingte Diskriminierung aufgrund der längeren Existenz größerer Gewerkschaften angenommen werden. Tauglicher Grund ist aber der in dem Abschluss zahlreicher Tarifverträge liegende Missbrauchsverdacht junger Koalitionen.[223]

8. Verstoß gegen den Koalitionspluralismus

Durch das Mächtigkeitserfordernis könnte der von Art. 9 III GG geschützte Koalitionspluralismus ausgehöhlt werden.[224] Für einen solchen Schutz spricht, dass Art. 9 III GG die Koalitionsbildung für jedermann gewährleistet.[225] Daraus kann aber nicht gefolgert werden, dass mehrere Koalitionen tatsächlich bestehen müssen. Der Wortlaut ist vielmehr so zu verstehen, dass die Möglichkeit einer Vielzahl von Koalitionen geschützt ist.[226] Die Möglichkeit für Neugründungen bleibt jedoch aufgrund eines fehlenden Eingriffs in die Koalitionsbildungsfreiheit bestehen. Es liegt kein Eingriff in den Koalitionspluralismus vor. Die diesbezügliche Kritik der Literatur ist nicht haltbar.

---

[219] BVerfGE 58, 233, 256; BAGE 66, 258, 261 ff.
[220] Giere, S. 169.
[221] BVerfGE 22, 349, 361.
[222] Pieroth/Schlink, Rn. 521.
[223] Greiner, Anm. BAG EzA Nr. 30, 31 zu § 2 TVG, 35, 47.
[224] Hierfür: Reuter, ZfA 1995, 1, 13; Reichel, RdA 1972, 143, 149; Mayer-Maly, SAE 1991, 100, 101; Gamillscheg, S. 434.
[225] Konzen, SAE 1984, 136, 137.
[226] Konzen, SAE 1984, 136, 137.

9. Internationale Regelungen zur Koalitionsfreiheit

Auch auf internationaler Ebene[227] sind Bestimmungen zur Koalitionsfreiheit zu finden. Die Frage, ob das Mächtigkeitserfordernis für die Gewerkschaftseigenschaft auch hiergegen verstößt, ist bereits umfassend geklärt worden.[228] Deswegen soll hierauf nicht näher eingegangen werden. Insbesondere die Frage, ob die auch zur Teilnahme am Tarifvertragssystem notwendige und für zulässig erklärte Verbandsmacht gegen internationales Recht verstößt, erfuhr viel Beachtung in der Literatur.[229]

10. Zwischenergebnis

Die sich vor allem auf die soziale Mächtigkeit im Tarifvertragsrecht konzentrierende Kritik konnte teilweise ausgeräumt werden. Ermittelt werden konnte ein Verstoß gegen die individuelle Koalitionsfreiheit sowie eine partielle Verletzung des Art. 20 III GG. Hinsichtlich der Sekundärrechte liegt eine Verletzung der kollektiven Koalitionsbetätigungsfreiheit und der individuellen Koalitionsfreiheit[230], sowie eine Diskriminierung gegenüber mächtigen Koalitionen vor.

VI. Alternativkonzepte zur sozialen Mächtigkeit

Innerhalb des Tarifrechts ist eine soziale Mächtigkeit vom BVerfG als zulässig erachtet worden. Nichtsdestotrotz, oder gerade deswegen, verstummen manche Kritiken im Schrifttum nicht. Nachfolgend werden nur jene Alternativkonzepte vorgestellt, die auch nach der bahnbrechenden CGM-Entscheidung bzw. den sie konkretisierenden GKH-Beschluss noch Geltung beanspruchen wollen. Alle anderen Ansätze[231] sollen unberücksichtigt bleiben, da sie m. E. nicht mehr zeitgemäß oder schlichtweg nicht erforderlich sind, ein funktionsfähiges Tarifvertragssystem zu bewahren.

---

[227] Art. 23 IV der Allgemeinen Erklärung der Menschenrechte; Art. 8 I c des Internationalen Paktes über wirtschaftliche, soziale und kulturelle Rechte; Art. 22 I des Internationalen Paktes über bürgerliche und politische Rechte; Übereinkommen Nr. 87 und 98 der Internationalen Arbeitsorganisation; Art. 11 I EMRK; Art. 5 ESC; Art. 28 der Charta der Grundrechte der Europäischen Union.
[228] Keinen Verstoß sehend: Eitel, S. 115 ff.; Isenhardt, S. 103 ff.
[229] Hierzu schon Doerlich, S. 185 ff., die keinen Verstoß annimmt: anders Giere, S. 170 ff.
[230] Ausgenommen davon sind natürlich die prozessualen Gewerkschaftsrechte
[231] Namentlich die Theorie der Freigabe von Arbeitskämpfen, Jülicher, ZfA 1980, 121, 129; Druckabwehr statt Druckausübung, Zöllner, SAE 1969, 140; Wolf, ZfA 1971, 151, 175; das Repräsentativitätsprinzip von Ulber, RdA 2011, 353, 361 f.; sowie das um einen Verhandlungsanspruch kreisende Gedankensiel von Giere, S. 135.

1. Relative Tariffähigkeit

Die Theorie von der relativen Tariffähigkeit besagt, dass die Tariffähigkeit nicht einheitlich im Sinne eines Alles-oder-nichts-Prinzip zu verstehen ist[232], sondern einer Koalition nur dort zugesprochen werden kann, wo sie durchsetzungsstark ist.[233] Dies gilt dann auch für den Fall der Aberkennung der Tariffähigkeit.[234] Alle übrigen Gewerkschaftseigenschaften können dagegen lediglich einheitlich für den Arbeitnehmerverband bestimmt werden.[235]

Das auf Rieble[236] zurückgehende, nunmehr besser als „partielle Tariffähigkeit" zu beschreibende Konzept besagt, dass die Tariffähigkeit nicht nur auf den satzungsgemäßen Betätigungsbereich der jeweiligen Organisation bezogen werden darf[237] – dies ist nun auch die neuere herrschende Auffassung[238] - sondern für jeden einzelnen Wirtschaftszweig gesondert bestimmt werden muss.[239] „Es geht also nicht um das Verhältnis zum satzungsgemäßen Betätigungsbereich des Verbands insgesamt, sondern um seine jeweilige Stärke in einzelnen Branchen."[240]

Für die Möglichkeit in sachlicher Hinsicht spricht, dass es grundsätzlich der Koalition überlassen bleibt, ob sie ihren Radius auf einen gesamten Industriezweig oder ein einzelnes Berufsfeld beschränkt.[241] Auch hat die Ansicht für sich, dass kleine Nischenverbände bezogen auf ihre Branche dadurch hohe Organisationsgrade erreichen können.

Aspekte der Rechtssicherheit sprechen aber gegen die Theorie.[242] Die Gewerkschaft wäre für einen Wirtschaftszweig mächtig, für den anderen aber nicht.[243] Im Zuge dessen müsste man auch über die Tariffähigkeit sämtlicher großer Gewerkschaften nachdenken, die dann stark angezweifelt werden könnte. Die ganze Tariflandschaft und damit auch die Tarifautonomie wären in Gefahr, wenn es keine bis wenige Gewerkschaften mehr gäbe. Über § 97 ArbGG kann die Tariffähigkeit einer Arbeitnehmerorganisation auch nur einheitlich festgestellt wer-

---

[232] Dütz, DB 1996, 2385, 2388; Rieble, SAE 2006, 89, 92.
[233] Rieble, SAE 2006, 89, 93.
[234] Rieble, in: FS Wiedemann, 519, 531.
[235] Benecke, SE 1998, 60, 61.
[236] Rieble, in: FS Wiedemann, 519, 533; So wohl auch Henssler, S. 39 und Ricken, 523.
[237] So aber Rieble, in: FS Wiedemann, 519, 532 ff.
[238] BAG AP Nr. 4 zu § 2 TVG Tariffähigkeit.
[239] Franzen, BB 2009, 1472, 1475 f.; zustimmend und insofern die Theorie weiterführend: Löwisch/Rieble, § 2 Rn. 20.
[240] Franzen, BB 2009 Fn. 50; auf den konkreten Tarifpartner abstellend und damit der Arbeitgeberseite einseitige Gestaltungsmöglichkeiten zu Lasten der Koalition gebend: Dütz, DB 1996, 2385, 2389.
[241] Bayreuther, BB 2005, 2633, 2368; Kocher, DB 2005, 2816, 2821.
[242] Bayreuther, BB 2005, 2633, 2368; auch das BAG hat sich eindeutig gegen die Theorie ausgesprochen: CGM 2006
[243] Franzen, BB 2009, 1472, 1476.

den kann.[244] Ferner würde den Verbänden die Wahlmöglichkeit zwischen dem Abschluss von Flächen- oder Haustarifverträgen genommen.[245]

Insgesamt ist das gesamte Konzept der relativen Tariffähigkeit im Gegensatz zur absoluten Tariffähigkeit dogmatisch sauberer.[246] So ist nicht einzusehen, warum ein nur in einem Teilbereich mächtiger Verband für das gesamte Bundesgebiet tariffähig sein soll. Insgesamt muss jedoch der Rechtsprechung aus Zweckmäßigkeitsgründen der Vorrang gewährt werden.

2. Das Prinzip des freien Spiels der Kräfte

Spiegelbildlich zum Kriterium der Mächtigkeit gehen die Vertreter[247] des Prinzips des freien Spiels der Kräfte davon aus, dass sich die erforderliche Mächtigkeit einer Koalition von selbst herausstellen wird.

a) Erweiterte Inhaltskontrolle

Durch eine erweiterte Inhaltskontrolle der Tarifvereinbarungen soll dem Ordnungsprinzip besser Rechnung getragen werden.[248] Nur am Vertragsergebnis sei erkennbar, ob bei den Vertragsverhandlungen hinreichend Druck vorgelegen habe.[249] Es kann das von der Rechtsprechung geforderte Machtgleichgewicht nicht hergestellt, sondern lediglich einzelnen Vereinbarungen bei Fehlen eines solchen die Wirksamkeit nachträglich abgesprochen werden.[250] Nur so kann der den Tarifvertragsnormen zugesprochene Rechtssatzcharakter Rechtssicherheit erlangen.[251] Ferner sei mit einer richterlichen Inhaltskontrolle des Tarifvertrags dem Arbeitnehmerschutz besser gedient.[252]

Während eine eingeschränkte Inhaltskontrolle hinsichtlich etwaiger Verstöße gegen Verfassungsrecht und zwingendes Gesetzesrecht zulässig und auch geboten ist, kommt eine erweiterte Inhaltskontrolle einer Tarifzensur gleich.[253] Dies würde einen gegenüber der sozialen Mächtigkeit noch schwereren Eingriff in die Tarifautonomie bedeuten.[254] Hierfür spricht auch

---

[244] Franzen, BB 2009, 1472, 1476; a.A. Bayreuther, BB 2005, 2633, 2368.
[245] Oetker, AP Nr. 4 zu § 97 ArbGG 1979.
[246] Ausführlich hierzu: Isenhardt, S. 138 ff.; Doerlich, S. 287 ff.;
[247] Gamillscheg, S. 436 f.; Grunsky, JZ 1977, 473; Höfling, RdA 1999, 182, 185; Kraft, SAE 1978, 43, 44; Bruhn, S. 203; Benecke, SAE 1998, 60, 64; Wiedemann, Anm. zu BAG AP Nr. 24 zu Art. 9 GG III; Zeuner, in: FS 25 Jahre BAG, 727, 730 ff.
[248] Oetker, in: Wiedemann, § 2 TVG Rn. 406; Wiedemann, Anm. zu BAG AP Nr. 24 zu Art. 9 GG III; Eitel, S. 147; vgl. auch schon Zeuner, in: Festschrift 25 Jahre BAG, 727, 732; Bayreuther, BB 2005, 2633, 2637, sieht eine Inhaltskontrolle allenfalls als „elementare Missbrauchskontrolle" als geboten.
[249] Wiedemann, Anm. zu BAG AP Nr. 24 zu Art. 9 GG III.
[250] Oetker, in: Wiedemann, § 2 Rn. 406.
[251] Oetker, in: Wiedemann, § 2 Rn. 406.
[252] Wiedemann, Anm. zu BAG AP Nr. 24 zu Art. 9 GG, unter II 2 c.
[253] Henssler, S. 55; Wank, RdA 2008, 257, 264.
[254] Henssler, S. 55; Isenhardt, S. 1169; i.E. zustimmend: Löwisch, Rn. 303.

der im Wege der Schuldrechtsmodernisierung eingefügte § 310 IV 1 BGB, der Tarifverträge[255] ausdrücklich aus dem Bereich der Inhaltskontrolle des AGB-Rechts herausnimmt.

b) Nachträgliche Missbrauchskontrolle

Lediglich in der Schutzfunktion einen wahren Kern sehend, will dieser Ansatz das Mächtigkeitskriterium enger fassen und in eine Missbrauchskontrolle umwandeln.[256] Die soziale Mächtigkeit sei lediglich Bedingung für die Wirksamkeit des konkreten Tarifvertrags. So soll zur Vermeidung von Missbräuchen das Verfahren zur Feststellung der Tariffähigkeit nach §§ 2a I Nr. 4, 97 ArbGG, bei dem auch die fehlende soziale Mächtigkeit ausschlaggebend sein kann, ausreichend sein.[257] So würde das Regel-Ausnahme-Verhältnis der Rechtsprechung ins Gegenteil verkehrt und jeder Arbeitnehmervereinigung i.S.v. Art. 9 III GG solange die Tariffähigkeit zugesprochen, bis es konkrete missbräuchliche Anhaltspunkte gebe.[258] Sollten sich diese als begründet erweisen, kommt es nicht etwa unverzüglich zu einer gänzlichen Aberkennung der Tariffähigkeit, sondern zu einer erstmals punktuellen, zur „Beschränkung von „Fehlentwicklungen systemnotwendigen". Aberkennung.[259] Auch handelt es sich anders als bei der Inhaltskontrolle nur um eine Rechtskontrolle.[260]

Positiv anführen lässt sich, dass sich dadurch die Unbestimmtheit der Mächtigkeitskriterien verringert, da das Gericht auf den konkreten Tarifabschluss Bezug nimmt und die Kriterien nicht allgemein anwenden muss.[261]

Diese Praxis erweist sich aber als eine der Rechtssicherheit widersprechenden. Denn gerade im Hinblick auf Gewerkschaftskonkurrenz drängt sich das Problem auf, dass die Tariffähigkeit eines Verbands immer wieder neu im oben genannten Verfahren in Zweifel gezogen werden könnte.[262] Daran vermag auch die bestehende Möglichkeit einer generellen Aberkennung der Tariffähigkeit im Falle mehrfachen Missbrauchs[263] nichts zu ändern.[264] Letztlich ist eine Inhaltskontrolle aber auch hier vorzunehmen. Gegen einen Missbrauch soll bereits sprechen, wenn überhaupt Arbeitnehmerrechte begründet werden.[265] Dies öffnet jedoch einer Umge-

---

[255] Gemeint sein können damit nur durch Individualvertrag in Bezug genommene Tarifverträge, da Tarifverträge als solche schon keine allgemeinen Geschäftsbedingungen i.S.v. § 305 I BGB sind.
[256] Henssler, S. 54 ff.
[257] Henssler, S. 56; Bayreuther, BB 2005, 2633, 2637.
[258] Henssler, S. 57 f.; Bayreuther, BB 2005, 2633, 2637.
[259] Somit auch der relativen Tariffähigkeit zustimmend: Henssler, S. 57.
[260] Bayreuther, BB 2005, 2633, 2365; Henssler, S. 60.
[261] Henssler, S. 57.
[262] Wank/Schmidt, RdA 2008, 257, 264.
[263] Für diese im Verfahren nach §§ 2a, I Nr. 4,97 ArbGG herkömmliche Möglichkeit: Henssler, S. 58.
[264] Wank/Schmidt, RdA 2008, 257, 264.
[265] Henssler, S. 60.

hung des Arbeitnehmerschutzes „Tür und Tor".[266] Somit kann eine ordnungsgemäße Missbrauchskontrolle nur durch eine intensive Überprüfung des Vertragsinhalts bewerkstelligt werden, was wiederum einer Tarifzensur gefährlich nahe kommt.[267] Im Ergebnis besteht eine Missbrauchskontrolle schon durch die Rechtsprechung des BAG, wenn dieses Schein- und Gefälligkeitstarifverträge als Filter anwendet.

3. Zwischenergebnis

Keiner der erwähnten Ansätze kann am gefundenen Ergebnis etwas ändern. Die soziale Mächtigkeit als Filter zur Teilnahme am Tarifvertragssystem ist bis heute die am besten geeignete Möglichkeit, auch wenn sie in manchen Augen zu weitgehend ist.

C. Rechtsvergleichender Ausblick

Während die soziale Mächtigkeit zur Sicherung eines funktionsfähigen Tarifsystems durchaus geboten ist, ist diesem Kriterium für einen einheitlichen Gewerkschaftsbegriff eindeutig eine Absage zu erteilen. Sollte die Rechtsprechung nach wie vor am Konzept des einheitlichen Gewerkschaftsbegriffs festhalten, hinter der, so das Teilergebnis der Arbeit, die immer wieder durchdringende gewollte Sachkunde steckt, bedarf es eines anderen Lösungsansatzes. Ein solcher lässt sich möglicherweise mit Blick auf unseren Nachbarstaat Frankreich finden. Um eine die Tariffähigkeit entsprechende Repräsentativität zu erlangen, bedarf es auch dort gewisser Voraussetzungen.[268] Um aber in diese Repräsentativität hineinzuwachsen, wird dort ein nur von geringeren Anforderungen umgebenes Vorstudium geschaffen, das die Ausübung von Sekundärrechten gewährleistet.[269] Durch die nur vorläufig auf Sekundärrechte beschränkte Betätigungsmöglichkeit von Gewerkschaften wird einer Störung der Tarifautonomie vorgebeugt, und zugleich ein Nährboden für entstehende Koalitionen geboten, um in die Tariffähigkeit hineinzuwachsen und sich bewähren zu können.[270] Eine solche Vorgehensweise spiegelt auch das Entwicklungsstadium einer Koalition wider, das im betrieblichen Bereich beginnt, und im Überbetrieblichen seinen Höhepunkt findet.[271] Dies entspricht auch dem Idealbild einer in Gesetzesform zu gießenden Norm, die sich achtsam an die exogenen Einflüsse orientiert.[272]

---

[266] Isenhardt, S. 117, mit einem übertriebenen, aber anschaulichen Beispiel.
[267] Isenhardt, S. 117.
[268] Greiner, S. 28 f.
[269] Greiner, S. 29.
[270] Greiner, S. 256.
[271] Greiner, S. 256; Dütz, AuR 1976, 65, 68.
[272] Greiner, S. 256.